KB189683

천만코드

천만코드

길종철 지음

매혹적인 이야기의 8가지 스토리텔링 비밀

프런트페이지
FRONTPAGE

의도를 간파당하는 건 유쾌한 일이 아니다. 그럼에도 이 책에 담긴 〈서울의 봄〉 이야기는 영화의 각본을 쓰고 연출을 했던 나조차 고개를 끄덕이게 만들었다. 책의 저자 길종철 교수는 CJ엔터테인먼트의 최고 전성기를 이끌었던 영화판의 초절정 고수다. 시나리오 기획부터 영화 산업 전반에 이르기까지 그보다 잘 아는 사람을 만나기란 쉽지 않다. 길 교수의 탁월한 분석을 담아낸 이 책을 콘텐츠 업계에 관심 있는 분들에게 추천한다.

−김성수 영화감독(〈서울의 봄〉 각본, 연출)

영화감독은 그 누구보다 이야기로 사람들을 매혹시키고 싶어 한다. 내가 〈명량〉을 만드는 데에 4년을 매달린 것도 그 때문이다. 누구나 다 아는 사람, 더군다나 민족의 영웅으로 존경까지 받는 인물로 이야기를 만들 때에는 누구나 다 아는 뻔한 영웅 서사가 오히려 망하는 지름길이다. 실패하지 않는 이야기를 만들기 위해서는 조금은 다른 기획적 전략과 포커싱이 필요하다. 모두가 알지만 한 번도 관심을 제대로 기울이지 않았던 이순신의 해상액션을 서사의 중심에 놓으려 했던 것이 바로 그 이유다.

이 책은 역사적 기록의 부재 속에 놓인 해상액션의 팩트와 픽션 사이를 줄타기했던 내 전략을 훤히 들여다본 느낌이다. 천만 명의 마음을 사로잡는 스토리텔러가 되고 싶다면 이 책《천만 코드》를 여러분께 권한다.

－김한민 영화감독(〈명량〉기획, 각본, 연출)

《천만 코드》에서 가장 인상적인 접근법은 바로 '주인공'에 관한 것이다. 저자는 주인공이 된 것처럼 8개 시퀀스로 이뤄진 책을 넘나들며 천만영화의 스토리텔링을 분석한다. 가만히 생각해 보자. 길종철 저자는 여러 천만영화를 제작한 실제 주인공이다. 영화에 관한 기존의 책들과 달리 '현상'이 아니라, 진짜 궁금한 그 '과정'에 대해 말할 수 있는 '주인공'이다. 윤제균 감독의 천만영화 〈국제시장〉에 담긴 스토리텔링 비밀 외에도 세상의 빛을 보지 못한 〈템플스테이〉와 같은 뒷이야기를 그가 아니면 과연 어디에서 들을 수 있을까. 8개 시퀀스가 마치 흥미진진한 영화 한 편 같은 책이다.

－주성철 영화평론가(《씨네플레이》 편집장)

'흥미+의미=재미'라는 법칙을 알려준 길종철 교수의《천만 코드》는 천만이라는 숫자의 의미를 넘어, 어떤 연유로 천만이 넘는 관객들이 그 영화를 봤으며 어떤 이야기에 주목했는지를 알려주는 '재미'가 있는 책이다. 그는 이 책을 통해 대중문화가 가지는 가장 강력한 의미는 공감이라는 것을 일깨워 줌은 물론, 동시대인들이 어느 지점에서 공감하게 되는지 밝히는 통찰을 보여준다. 창작자는 물론 영화를 사랑하는 모두에게 추천하고 싶다.

－최재원 앤솔로지스튜디오 대표(〈변호인〉 제작)

25년의 경력, 10년의 강의, 한 권의 책

무엇이 사람의 마음을 사로잡는가? 지난 35년 동안 이 질문은 나의 뇌리에서 떠나지 않았다. 이런 한결같은 지적 호기심은 내 열정의 원천이다.

어린 시절, 텔레비전 방송은 나의 친구였고 취미이자 가난한 삶의 위안거리였다. 지금의 언어로 말하면 텔레비전 덕후였던 것이다. 프로그램의 종류를 가리지 않고, 본다는 것 자체가 마냥 즐거웠다. 그리고 언제부턴가 나를 그토록 빨아들이는 텔레비전 속 흡인력의 실체가 궁금해지기 시작했다.

청년이 된 나는 자연스럽게 앞으로 내가 할 일은 텔레비전이 내게 그랬던 것처럼 많은 사람에게 즐거움과 행복을 주는 것이었으면 좋겠다는 생각에 이르렀다. 이것은 마침내 나의 직업적 소명이 되었다. 뜻이 있는 곳에 길이 있다는 말이 있지 않은가. 뜻을 먼저 세우고 나니 놀랍게도 운명의 귀인들이 나타나 인생의 전환점을 맞게 되었다.

첫 번째 귀인은 1990년대 초 충무로의 한 모텔에서 만났다. 공대를 졸업한 후 삼성전자에 입사해 5년 동안 주로 가전제품 개발 업무를 담당했던 나는 1991년 봄, 부서를 옮겨 전자회사에서는 이례적으로 영상 콘텐츠 관련 업무를 맡게 되었다. 영상 콘텐츠의 핵심인 영화에 관심을 가지기 시작한 것도 이때부터다. 그해 어느 날, 회사 홍보영화 제작을 담당하던 기획실의 대리가 제일기획과 미팅이 있는데 함께 가자고 했다. 내가 영상 콘텐츠 담당이니 홍보영화 제작에 도움을 줄 수 있을 거라 판단한 것 같다. 그때 모텔 방에서 홍보영화의 시나리오를 작업 중이던 박기용 작가를 만났다. 홍보영화는 뒷전이었고 우리는 영화에 대한 이야기를 더 많이 나누었다. 박 작가는 영화를 전공했고 앞으로 영화를 만들 거라고 했다. 그리고 우리는 기약 없이 헤어졌다.

그런데 반년 쯤 지나 박 작가로부터 불쑥 전화가 왔다. 아직도 영화에 관심이 있느냐고, 소개하고 싶은 프로젝트가 있다고. 이것이 삼성전자가 처음으로 한국영화에 투자하게 된 계기였고 개인적으로는 영화의 바다에 깊숙이 빠져든 변곡점이 되었다. 그 영화가 바로 1993년 말 개봉한 박광수 감독의 〈그 섬에 가고 싶다〉이다. 당시 영화의 프로듀서였던 단국대학교 박기용 교수는 그렇게 나의 첫 번째 귀인이 되었다.

두 번째 귀인과 마주한 건 2014년의 일이었다. 나는 30년 간의 회사 생활을 정리하면서 다음을 준비하고 있었다. 뚜렷한 계획이 있던 것은 아니라 그동안 커리어에서 아쉬웠던 점이나 부족했던 면을 돌아보면서 평소 관심이 많았던 시나리오와 스토리텔링에 관련된 책을 많이 읽었다. 대학의 영화 전공 교수들을 만나서 스토리텔링 교육을 강화해야 한다고 역설했던 기억이 난다. 재직 시절 수많은 프로듀서, 감독, 작가를 만나 대화하고 또 다양한 시나리오를 읽으면서 가장 절실하게 느껴왔던 바이기 때문이었다. 학교에서 영화를 전공하고 업계에 들어오는 젊은 영화인들이 산업 현장에 쉽게 적응하지 못하는 원인도 스토리텔링에 대한 이해 부족이라는 생각이 있었다.

그런데 그때 한양대학교 연극영화학과 이상인 교수로부터 덜컥, 학교에 와서 그 내용을 직접 강의해 보라는 제안을 받았다. 원래 강의를 준비했던 사람은 아니어서 망설였지만 끝내 운명처럼 받아들였다. 덕분에 대학 교수가 되어 영화와 드라마, 시나리오와 스토리텔링에 대해 더 깊게 공부하고 있다. 그렇게 이상인 교수는 나의 두 번째 귀인이 되었다.

세 번째 귀인은 나의 커리어에 화룡점정을 찍어주었다. 바로 세계적인 스토리 대가 로버트 맥키Robert McKee다. 그는 영화인들이 서로 가장 많이 추천하는 명저 《STORY :

시나리오 어떻게 쓸 것인가》의 저자이기도 하다. 그런 그가 2012년 말, '서울 스토리 세미나2012 Robert McKee's Seoul Story Seminar'에서 강연을 하기 위해 한국에 왔다. 스토리의 본질에 대한 그의 강의를 일주일 동안 꼬박 들었다. 마치 한 학기 대학원 수업을 수강한 느낌이었다. 71세의 나이에도 열정적인 모습으로 청중을 사로잡는 그의 모습을 보고 생각했다. 이 사람처럼 되고 싶다고. 그렇게 로버트 맥키는 중년인 나에게 롤 모델이자 멘토가 되었다.

그는 그때까지 내가 평생 해왔던 질문, '무엇이 사람의 마음을 사로잡는가'에 대한 나의 잠정적인 결론에 확신을 심어주었다. '첫째도 스토리, 둘째도 스토리, 셋째도 스토리'라는 것이다. 더 나아가 '어떻게 관객을 사로잡을 것인가' 즉 스토리텔링에 대해 깊이 탐구하도록 방향을 잡아준 진짜 귀인이다. 당시 강연 전에, 그와 함께하는 저녁 식사 자리에 초대되었는데 스토리에서 가장 중요한 게 뭐냐고 묻는 어떤 기자의 질문에 지체 없이 한마디로 'empathy감정이입'라고 대답하던 거장의 모습이 아직도 잊히지 않는다.

책의 서두에 인생의 귀인을 먼저 소개하는 이유는 책을 쓰게 만든 원천이 어디서 온 건지 생각해 보았기 때문이다. 이 책은 결코 혼자 쓴 것이 아니다. 평소 글을 쓰는 재주는 없다고 생각한 내게 책을 쓴다는 건 세 귀인과의 인연이 없었다면 감히 상상조차 할 수 없었던 일이었다. 그들 덕분에 커리어의 정체성을 확립할 수 있었고 그 과정에서 깨달았던 소중한 내용을 이 책에 담을 수 있었다. 그들에게 진심으로 존경과 감사의 마음을 전한다.

혼자서 어찌어찌하여 글을 쓸 수는 있겠지만 그 내용을 출판한다는 건 전혀 다른 이야기다. 교수 생활을 하면서 책을 써보라는 권유를 자주 받았지만 그건 용기와 실행력이 필요한 일이란 걸 알기에 게으른 나와는 거리가 멀다고 생각했다. 그런데 2년 전 어느 날, 한 출판사로부터 책을 내보자는 장문의 이메일이 도착했다. 일면식도 없었는데 이메일을 보낸 장본인이 바로 이 책의 편집자인 프런트페이지의 김민진 에디터다. 그녀를 만나지 못했다면 이 책은 세상에 나올 수 없었다. 출판에 대한 두려움을 용기로 바꾸어주고 나의 게으름에 실행력을 불어넣어준 김민진 에디터에게 머리 숙여 깊이 감사드린다. 언제나 멋진 미소로 든든한 버팀목이자 후원자가 되어준 프런트페이지의 임경진 대표에게도 고마움을 표하고 싶다.

아울러 그동안 오늘의 나를 있게 해주었고 내게 풍부한 영감을 준 필름몬스터의 박철수 대표를 비롯한 영화 업계와 이전 직장의 선배, 동료, 후배 들과 부족한 강의에 귀를 기울여준 수많은 제자에게도 감사의 인사를 올린다. 마지막으로 나의 커리어와 늘 함께해 준 사랑스런 아내 써니와 믿음직한 아들 민수에게, 그대들의 애정과 응원이 내 삶의 원동력이라고 밝히면서 나의 사랑과 고마움을 전한다.

　모쪼록 이 책이 스토리를 사랑하고 스토리텔링에 관심이 있는 모든 분들의 마음에 닿았으면 하는 바람이다.

차 | 례

일러두기

- 이 책에서 영화, 연극, 노래, 보고서 등은 홑화살괄호(〈 〉), 단행본, 정기 간행물 등은 겹화살
  괄호(《 》) 안에 표기했습니다.
- 영화의 극장 동원 관객 수는 영화진흥위원회 영화관입장권통합전산망의 공식통계를 따랐
  습니다.
- 국립국어원의 표준어 규정 및 외래어 표기법을 따랐으나 일부 인명은 관용적 표현을 참고
  해 표기했습니다.

대한민국 대표 흥행 콘텐츠 '천만영화'는 어떻게 탄생하는가

2024년, 한국 프로야구가 국내 스포츠 역사상 최초로 천만관중을 돌파했다. 1982년 출범한 프로야구는 43년 만에 한 해 동안 전국 열 개 구단의 야구장에서 총 1088만 7705명의 정규 리그 관중 수를 기록해 큰 화제가 되었다.[1] 천만, 과연 천만 명이란 관중이 의미하는 바는 무엇일까? 전 국민의 5분의 1이 관람했으니 프로야구는 이제 국민 스포츠가 되는 건가? 그런 의미에서 천만은 곱씹어 볼 만한 엄청난 수치임이 분명하다.

천만 시대를 연 야구장의 관중 동원력에 감탄하면서 이토록 많은 사람을 모이게 할 수 있는 곳이 또 있을까 하는 의문이 들었다. 자연스럽게 놀이공원이 떠올랐다. 국내 대표 놀이공원인 에버랜드와 롯데월드의 연간 입장객이 얼마나 되는지 궁금해졌다. 글로벌 어트랙션 입장객 보고서[2]에 따르면, 2023년 한 해 동안 에버랜드의 입장객 수는 588만 명으로 전 세계 19위, 롯데월드는 519만 명으로 23위이었다.

천만 명을 훌쩍 넘을 것이라 생각했는데 둘 다 턱없이 부족해 조금 놀랐다. 언젠가 에버랜드 관계자에게 놀이공원 입장에서 내장객 천만 명은 꿈의 숫자라는 말을 들었던 기억이 난다. 그도 그럴 것이 2023년 기준, 전 세계 놀이공원 중 천만 명 이상의 입장객을 기록한 곳은 단 열 곳뿐이다. 새삼 한국 프로야구가 참 대단하다 싶다.

그런데 이처럼 대단한 수치인 '천만'이 어느새 익숙해진 분야가 있다. 바로 국내 영화 업계다. 극장에서 이미 천만 명 이상의 관객을 동원한 영화가 많이 나왔고 그런 영화를 지칭하는 '천만영화'라는 말은 일반명사에서 고유명사로 바뀐 지 오래되었다. 2003년 12월 개봉한 강우석 감독의 〈실미도〉가 국내 최초로 극장 관객 천만 명을 돌파하며 천만영화 시대를 활짝 열고 난 이후 22년 동안, 국내에 총 서른세 편의 천만영화가 등장했다. 그중 한국영화가 총 스물네 편인데, 관객들은 그동안 매년 한 편 꼴로 꾸준히 천만 한국영화를 만나온 셈이다.

영화가 극장에 걸려 있는 동안 동원한 관객 수를 집계한 것이니 그 성과가 상당히 의미심장하다. 천만영화들의 최종 흥행 관객 수는 약 930만에 이르는 서울시의 인구수보다 크고 전국 6대 광역시의 인구를 모두 합친 정도이거나 약 1370만의 경기도민 숫자와 맞먹는 정도다. 또한 천만 명은 대한민국 대통령 선거에서 당선 확정에 가까운 수치이기도 하다. 이렇듯 천만 명은 인구 통계학적으로도 엄청난 규모일 뿐만 아니라, 단일 영화의 흥행 성과 측면에서도 인구 대비 전 세계에서 유래를 찾아보기 힘든 기록이다. 참고로 역대 국내 영화 흥행 순위 1위인 〈명량〉의 관객 수는 무려 1761만 명이다. 이는 대한민국 국민의 3분의 1이 한 영화를 극장에서 봤다는 뜻인데, 미국 로스앤젤레스 근교에 있는 세계적인 테마파크 디즈니랜드의 2023년 한 해 입장객인 1725만 명을 상회한다는 점에서 놀라움을 감출 수가 없다.

이제 천만영화는 한국 영화산업의 성장을 견인하면서 초대박영화의 표준이 되었다. 영화인들에게는 꿈의 상징이자 성공의 표상이다. 어떤 영화가 천만 명 이상의 극장 관객을 동원한다는 건 단순히 영화 흥행 이상의 사회 문화적 현상이고 시대적 사건이다. 점점 취향이 파편화되는 시대에 취향의 장벽을 뚫고 많은 사람의 공통 관심사를 저격했다는 뜻이기 때문이다.

이처럼 확장된 의미의 천만영화는 영화 외적인 측면에서 다양한 논의와 연구가 뒤따르고, 풍부한 사회 문화적 비평과 담론을 양산한다. 천만영화의 흥행 성공 요인을 논의할 때도 개봉 당시 사회 문화적인 맥락에 의존하거나 경쟁 영화, 개봉 시기 등 영화 마케팅 측면과 배우, 감독, 소재 등

패키징 요소를 위주로 분석하는 경우가 많았다. 반면 정작 영화 내적인 탐구의 깊이는 다소 미흡한 편이다. 특히 영화 평론가나 전문가 들조차도 상업적으로 크게 성공한 영화에 대해서 깊게 관심을 가지거나 좋게 평가하는 데에 인색한 편이다.

그런데 이런 외적인 분석은 당시 상황에만 맞는 일회성 결과론이거나 다소 피상적인 접근에 그칠 수 있어 그렇게 도출한 성공 요인을 이후 새로운 영화 제작에 적용하는 데에는 한계가 있다. 그렇다면 매번 맨땅에 헤딩하듯이 처음부터 다시 시작해야 하는 걸까? 다음 영화를 기획할 때 적용이 가능한 성공 요인을 도출할 방법은 없을까?

다행히 한 세기가 넘는 오랜 영화 역사에는 무수히 많은 성공 사례와 실패 사례가 존재한다. 그럼 크게 성공한 사례들을 살펴보면서 공통적으로 적용되는 성공 원칙을 찾아보면 어떨까. 과연 그런 원칙이 있기는 할까? 물론 한 영화가 성공하고 실패하는 원인을 한두 가지 이유로 명쾌하게 설명할 수는 없다. 영화는 다양하고 다면적이면서 다층적인 요소들의 복합체이고 감상하는 관객들의 생각도 계속 변하기 때문이다.

그리고 영화 비즈니스의 근본적인 고민은 평균적으로 성공 확률이 낮다는 것이다. 여전히 일부 영화만이 흥행에 성공하고 대다수의 영화는 실패한다. 그동안 성공 확률을 높이려는 노력은 끊이질 않았지만 결과가 그리 신통치 않았다는 뜻이다. 그래서 성공 요인을 제대로 도출하기 위해 영화에 대해 모든 걸 다 이해하려는 실현 불가능한 접근보다는 관점을 좁혀서 깊게 파보면 조금 더 실용적인 성공 요인을 찾아낼 수 있지 않을까 하는 생각에 이르렀다.

우선 성공의 기준을 좁혀보자. 영화의 성공이란 여러 가지 기준과 관점에 따라 다양하게 평가할 수 있는데 크게 두 방향으로 이루어진다. 작품성 측면과 흥행성 측면의 평가다. 다른 말로 예술성과 상업성이라고도 할 수 있는데, 작품성과 예술성의 평가는 주로 영화평론가나 전문가 들이 주도하고 흥행성과 상업성의 평가는 관객들의 몫이다. 일반 대중은 영화를 보면서 우선 재미를 추구한다. 그런 면에서 이 책은 특히 영화의 흥행성과 상업성에 주목하려 한다. 흥행을 주목적으로 만드는 영화, 즉 폭넓은 관객에게 다가가고자 하는 대중영화의 성공 요인을 다루고자 한다. 이런 기준에 부합하는 성공 사례가 바로 천만영화다. 이것이 최고의 흥행 결과를 만들어낸 천만영화의 성공 요인에 주목하게 된 이유다.

흥행에 크게 성공했다는 것, 즉 천만영화가 되었다는 것은 그 영화가 많은 관객의 호응을 끌어냈다는 뜻이고 그런 관객의 마음을 파고들어 사로잡았다는 걸 의미한다. 천만 영화는 과연 무엇으로 관객의 마음을 사로잡을 수 있었을까? 어떻게 관객을 매혹할 수 있었을까? 초점을 더 좁혀 들어가 보자.

이 책에서는 앞서 언급한 영화 외적인 분석의 한계 때문에 영화 내적인 측면, 즉 영화 그 자체에 집중하려 한다. 영화는 두 가지 관점으로 나누어볼 수 있는데, 한 축이 양식style이고 또 다른 축은 서사narrative다. 다시 말해 양식은 영상 구성, 서사는 스토리텔링을 말한다. 영화에서 영상 구성은 미장센, 촬영, 편집, 사운드로 만들어지는데 이러한 스타일은 미학적, 예술적 매력을 풍성하게 만들어준다.

스토리텔링은 명확한 의미 전달을 추구하며 관객과의 소통을 담당한다. 그래서 대중영화에서는 영화의 매체적 특성으로 영상으로 이야기하기, 즉 비주얼 스토리텔링visual storytelling이 강조된다. 예술영화일수록 상대적으로 스타일이 강조되는 편이고 대중영화일수록 스토리텔링이 더 중요해진다. 그래서 영화감독은 스타일리스트와 스토리텔러 사이 그 어딘가에 머문다.

결국 관객의 마음을 사로잡고 관객층을 폭넓게 확장시켰다는 것은 관객과의 소통에 성공했다는 뜻이고 그 핵심은 스토리텔링이라는 것이 결론이다. 이는 30년이 넘는 나의 다양한 영화 경험과 연구의 결과이기도 하고, 할리우드 영화가 상업적으로 전 세계를 지배해 온 핵심 요인이기도 하다. 따라서 앞으로 천만영화의 성공 비결을 탐구하는 데에 있어서 순수하게 영화 자체만으로 어떻게 천만 명 이상의 관객과 소통할 수 있었는가를 살펴보려 한다. 영화의 미학적, 예술적, 비평적 접근은 최대한 배제하고, 오직 스토리텔링과 관객 소통에만 초점을 맞추고자 한다.

이 책에서 살펴보고자 하는 천만영화는 총 서른세 편의 천만영화 가운데, 한국영화에 국한하고 다양한 모습의 스토리텔링을 살펴보기에 적합한 작품으로 선정했다. 특히 영화 시장의 환경과 사회 문화적 맥락이 비슷한 시기에 개봉한 영화를 선정해야 스토리텔링 중심으로 관객 소통을 탐구하는 의미가 클 것이란 점을 고려했다.

이에 시기적으로는 멀티플렉스 극장 시장이 성숙기에 이르러 관객들이 영화 자체에만 집중할 수 있었던 2012부터 2014년까지가 가장 적합하다고 판단하여 그 시기에 연속으로 등장한 천만 한국영화 여섯 편을 선정했다. 특히 이때는 연간 극장 관람객 수가 2억 명을 넘어서기 시작한 한국 영화산업의 르네상스 시기다. 게다가 이 천만영화들은 이미 극장 개봉 후 10년 정도의 세월이 지나 극장 상영 이후에도 다양한 매체에서 다시 소개되었을 뿐만 아니라 방송을 통해서도 여러 차례 방영되었고 지금도 보편적 접근이 가능한 명실상부 국민영화로 자리매김했다.

그리고 최근 천만영화에 등극한 사례를 추가함으로써 코로나 팬데믹의 여파 속 어려운 시장 여건에서도 스토리텔링의 힘을 다시 한번 확인할 수 있도록 하였다. 결과적으로 총 여덟 편인데, 마지막 시퀀스에서는 시리즈영화를 다루다 보니 실질적으로는 총 열한 편(열 편의 천만영화)의 영화를 중심으로 분석하게 되었다. 앞으로 집중적으로 살펴볼 영화는 다음과 같다.

	제목	감독	개봉일	관객수(명)	역대순위
1	도둑들	최동훈	2012년 7월 25일	12,983,330	11
2	광해, 왕이 된 남자	추창민	2012년 9월 13일	12,319,542	16
3	명량	김한민	2014년 7월 30일	17,613,682	1
4	국제시장	윤제균	2014년 12월 17일	14,257,115	4
5	변호인	양우석	2013년 12월 18일	11,374,610	25
6	7번방의 선물	이환경	2013년 1월 23일	12,811,206	12
7	서울의 봄	김성수	2023년 11월 22일	13,128,080	9
8	범죄도시	강윤성	2017년 10월 3일	6,879,841	77
	범죄도시2	이상용	2022년 5월 18일	12,693,175	14
	범죄도시3	이상용	2023년 5월 31일	10,682,813	29
	범죄도시4	허명행	2024년 4월 24일	11,501,621	23

2025년 3월 7일 기준

이 여덟 편의 한국영화는 관객의 공감과 감동을 만들어내면서 관객과의 소통에 성공한 스토리텔링을 보여준다. 지금부터 각 영화가 스토리의 어떤 요소들을 중요하게 다루었는지, 그리고 그 요소들을 어떻게 성공적으로 디자인했는지 살펴보자.

영화의 흥행은 마치 눈사람을 만들 때

한 줌의 눈으로 시작해

눈덩이를 굴리고 불려가면서

궁극적으로 거대한 눈사람을 완성하는 것과 흡사하다.

그 한 줌의 단단한 눈덩이가

영화에서는 바로 주인공이다.

시퀀스 ❶ 주인공 전략

SEQUENCE

주인공은
선명하게
내세워라

도둑들

관객 1298만 명

개봉 2012.7.25 **등급** 15세 관람가 **장르** 액션, 범죄 **러닝타임** 135분
감독 최동훈 **출연** 김윤석, 김혜수, 이정재, 전지현, 김해숙, 오달수, 김수현 등
줄거리 한국에서 한 팀으로 활동 중인 도둑들의 수장 뽀빠이, 줄타기의 예니
콜, 거짓 연기 전문의 씹던껌, 그리고 와이어 조종 담당의 잠파노. 미술관을 터
는 데 멋지게 성공한 이들은 뽀빠이의 과거 파트너였던 마카오박으로부터 홍
콩에서의 거사 계획을 제안받는다. 여기에 마카오박이 초대하지 않은 손님, 감
옥에서 막 출소한 금고털이 팹시까지 합류해 함께 2천만 달러짜리 다이아몬
드를 훔치러 홍콩으로 떠난다. 한편 홍콩에서 한국의 도둑들을 기다리고 있던
첸, 앤드류, 줄리, 조니. 마침내 1개의 다이아몬드를 훔치기 위해 10인의 도둑
이 만났다. 그러나 그들은 각자 인생 최고의 반전을 꿈꾸며 동상이몽을 하기
시작하는데….

주인공은 어떤 종류의 난관에 부딪히면 빠져나오기 위해 능동적으로 행동한다. 그러나 그 모든 노력은 주인공을 더 큰 수렁에 빠뜨릴 뿐이며 그 과정에 등장하는 모든 장애물은 이전보다 훨씬 크다. 마지막으로 가장 암울한 상황에 주인공이 끝장났다고 느낄 때 주인공은 자신의 지식, 재능, 노력을 통해 난관을 힘겹게 헤쳐나온다.

　　　　　　　　　— 스콧 메러디스Scott Meredith, 《팔리는 글쓰기|Writing to Sell》

　2012년, 나는 커리어에서 가장 힘든 시간을 보내고 있었다. 10년 가까이 국내 1위 자리를 지키던 영화 투자배급사의 대표라는 중책을 맡자마자 바로 개봉한 영화가 〈마이웨이〉였다. 당시 한국영화 역대 최고의 제작비(약 300억 원)가 투자되었고, 천만영화 〈태극기 휘날리며〉의 성공 주역이자 흥행 거장이었던 강제규 감독의 야심작이라 모두가 상업적인 성공을 의심하지 않았다. 〈마이웨이〉는 한국의 장동건,

일본의 오다기리 죠, 중국의 판빙빙이 동시에 출연하는 글로벌 프로젝트인 데다가 전쟁영화로서 '한국영화가 해낼 수 있는 스펙터클의 최전선을 보여주는 전쟁 시퀀스를 담았다'는 호평도 받았다. 너끈히 천만영화가 되었어도 크게 놀랍지 않았을 텐데, 214만 명의 관객을 동원하는 데에 그쳐 흥행에 실패했다.

연초부터 초라한 성적표를 받아 들고 전열을 가다듬고 있었는데 이번에는 외부에서 강력한 펀치가 날아들어 왔다. 그해 여름, 경쟁사에서 투자 배급한 영화가 대박이 난 것이다. 그 영화가 바로 최동훈 감독의 〈도둑들〉이다. 최동훈 감독은 전작인 영화 〈타짜〉와 〈전우치〉의 성공을 CJ엔터테인먼트와 함께한 파트너였기에 경쟁사로 건너간 그의 영화 〈도둑들〉의 대박은 우리를 더욱 아프게 했다.

그때 많은 사람이 나에게 물었다. 〈도둑들〉을 어떻게 봤냐고. 흥행 성공 요인이 뭐라고 생각하느냐고. 나는 망설임 없이, 영화로 보여줄 수 있는 모든 게 다 들어가 있는 '종합선물세트'라고 대답했던 기억이 난다. 사랑도 있고, 웃음도 있고, 액션도 있고, 음모도 있고, 배신도 있고, 추격전도 있다. 홍콩, 마카오, 부산을 넘나드는 글로벌한 볼거리도 풍성하다. 무엇보다 당대 최고의 배우들을 한 영화에서 각각 매력적인 모습으로 만날 수 있다는 것이 관객들을 가장 즐겁게 해준 요인이라 평하는 것이 대세였다.

그런데 그 정도로 성공 요인을 정리하고 넘어가기에는 어딘가 충분히 납득되지 않는 느낌이 들었다. 특히 '종합선물세트'라는 건 그저 쉽게 따라할 수 있는 기획 콘셉트일 뿐이라는 생각에, 화려한 포장지 속의 진짜 비밀을 파헤쳐 보고 싶은 지적 호기심이 발동했다.

주인공, 주인공, 주인공

〈도둑들〉은 과연 누구에 관한 이야기일까? 영화의 주인공은 누구인가? 먼저 출연 배우들이 눈에 들어온다. 뽀빠이 역의 이정재, 예니콜 역의 전지현, 잠파노 역의 김수현, 씹던껌 역의 김해숙, 팹시 역의 김혜수, 마카오박 역의 김윤석 중에 주인공이 있지 않을까? 관객은 영화를 보기 전부터 출연진의 면모를 통해 직감적으로 주인공을 알아본다. 그래서 보통 제작자들은 소위 '주인공급' 배우 또는 주인공에 적합한 배우를 캐스팅하여 관객과 접점을 만드는 데에 주력한다.

강의 시간에 영화를 보면서 학생들에게 같은 질문을 한 적이 있다. 대다수가 뽀빠이, 예니콜, 팹시, 마카오박 네 명 중에 한 명을 주인공으로 꼽았다. 일반 관객들에게 물어도 비슷한 반응일 거라 짐작한다. 그 네 명이 당시 주인공급 배우들이었고 극 중에서 나름 비중이 큰 역할을 맡고 있기 때문이다.

누가 주인공이든, 그게 그렇게 중요한가? 그게 누구든 관객들은 제각기 마음이 가는 캐릭터나 배우를 따라 재미있게 보면 되는 것 아닌가? 맞다. 관객들은 저마다 끌리는 배우와 캐릭터를 따라 흥미롭게 봤을 수 있다. 그래서 〈도둑들〉은 여러 배우들의 훌륭한 연기에서 뿜어져 나오는 다채로운 매력에 끌린 관객들에게 꽤 괜찮은 작품으로 기억될 수는 있다. 하지만 그것만으로 상업적인 성공을 설명하기에는 충분하지 않다.

영화의 흥행은 마치 눈사람을 만들 때 한 줌의 눈으로 시작해 눈덩이를 굴리고 불려가면서 궁극적으로 거대한 눈사람을 완성하는 것과 흡사하다. 사람들은 대개 이미 완성된 거대한 눈사람의 겉모습만으로 평가할 수밖에 없다. 그러다 보니 눈사람이 거대하고 우람해진 원인이 한 줌의 눈덩이를 단단하게 만들어 잘 굴린 것이었다는 속사정을 알아채기란 쉽지 않다.

그 한 줌의 단단한 눈덩이가 영화에서는 바로 주인공이다. 대부분의 관객들은 영화가 시작되면 본능적으로 주인공을 가장 먼저 찾는다. 여러 가지 상황과 다양한 정보가 뿌

려지는 이야기 세상 속에서 가능한 한 빨리 중심을 잡아 마음을 의지할 대상을 찾고, 그 대상을 통해 이야기에 몰입하기를 원한다. 이게 우리 인간이 오래된 이야기 전통 속에서 자연스럽게 체화한 이야기를 소화하는 방식이다. 세계적인 스토리텔링 구루인 로버트 맥키가 말하길, "관객은 주인공과의 동일시empathy라는 접착제에 의해 영화에 정서적으로 개입한다. 작가가 이 연계를 만드는 데 실패하면 관객은 아무것도 느끼지 못한 채 영화의 바깥에 머무를 수밖에 없다"[1]라고 했다. 결국 관객과의 소통에서 가장 중요한 접점은 주인공이고, 주인공을 선명하게 내세우는 것이 흥행 성공의 필수 요건이다.

'주인공'이란 일반적으로 등장인물 중에서 마음이 가장 많이 쓰이고 관심이 집중되는 인물을 말한다. 서사적으로 주인공은 이야기를 앞장서서 주도적으로 끌고 가는 캐릭터protagonist이고 플롯 전체를 시종일관 중심에서 이끌고 완결까지 책임지는 '주동인물主動人物'을 의미한다. 그래서 일반 관객의 입장에서는 직관적으로 배우들이 먼저 눈에 들어올 테고, 배우들의 면모와 위상에 따라 김윤석, 김혜수, 이정재, 전지현, 이 네 명을 각자 마음 가는 대로 자신의 주인공으로 꼽거나 네 명 모두가 다 주인공이라고 생각할 수도 있다. 이처럼 다소 주관적으로 해석될 수 있는 주인공이라는 용어 대신 객관적으로 서사 속에서 사건을 이끌어 가는 인물이 누구인지를 따져 '주동인물이 누구냐'라고 묻는다면, 이야기가 조금 달라진다. 누가 〈도둑들〉의 주동인물인가? 이제 마카오박, 팹시, 뽀빠이, 예니콜, 이 네 명의 캐릭터를 놓고 따져봐야 한다. 각각 이야기 속에서 어떤 역할을 하고 있는지 살펴보고 그에 상응하는 플롯 진행을 점검해야 주동인물을 꼽을 수 있다.

그전에 먼저, 영화에서 주동인물(주인공)은 꼭 한 사람이어야 할까? 그렇지 않다. 물론 주동인물이 한 명인 단독주인공 영화가 가장 많은 편이기는 하지만, 여러 사람 즉 두 명 이상의 주인공을 복수로 둘 수도 있다. 주인공이 복수인 경우에는 다시 여러 명을 한 팀처럼 움직이도록 하여 이야기를 종결하는 집단주인공 영화와 여러 명이 각기 자신의 이야기를 독립적으로 병행 완결하도록 하는 다중주인공 영화로 나뉜다. 이때 집단주인공 영화는 주인공 집단의 멤버들 모두가 같은 욕망을 가지고 고락을 함께하는 플롯이 중심인 구성적 특징을 보이고, 다중주인공 영화는 여러 명의 주인공이 각기 개별적인 욕망을 가지고 그에 상응하는 고락도 각자 감당하는 다중플롯으로 진행된다.

지금까지 천만 명 이상의 관객을 동원한 한국영화 총 스물네 편 가운데 단독주인공 영화는 〈광해, 왕이 된 남자〉,

〈명량〉, 〈국제시장〉, 〈변호인〉 등 압도적으로 많은 열네 편으로 60퍼센트에 육박한다. 집단주인공 영화는 총 아홉 편으로 고반장(류승룡)을 중심으로 한 마약반 형사들의 〈극한직업〉, 강림(하정우)을 비롯한 저승 삼차사의 〈신과함께-죄와 벌〉과 〈신과함께-인과 연〉, 강두(송강호)네 가족의 〈괴물〉, 용구(류승룡)와 예승(박신혜/갈소원) 부녀의 〈7번방의 선물〉, 장생(감우성)과 공길(이준기)의 〈왕의 남자〉, 기택(송강호)네 가족의 〈기생충〉, 우리나라 최초의 천만영화이자 실미도 부대 훈련병들의 이야기를 다룬 〈실미도〉, 그리고 지관(최민식), 장의사(유해진), 무당(김고은)이 합심하여 묘지의 비밀을 파헤치는 최근 영화 〈파묘〉가 있다. 다중주인공 영화로는 만식(설경구)과 연희(하지원)를 중심으로 재난 속 여러 커플들의 이야기를 그린 〈해운대〉가 유일하다.

　어떤 영화든지 관객과의 소통이 주목적이라면, 작가는 가장 먼저 주인공 전략을 명확하게 설정할 필요가 있다. 기본적으로 단독주인공, 집단주인공, 다중주인공 전략 중에 하나를 정하고, 각각에 충실한 플롯을 만들어야 관객의 혼란을 피할 수 있다. 관객이 혼란스러워하고 산만해지거나 몰입을 하지 못하고 재미를 느끼지 못한다면, 주인공 전략이 선명하지 않은 탓인 경우가 많다. 의외로 주동인물이 누구인지 명확하지 않고 모호하게 그려진 영화들이 적지 않다.

주인공 전략이 틀어지면, 아무리 영화가 잘 만들어지고 볼거리가 풍성하다 해도 큰 흥행을 기대하긴 어렵다.

상업적인 관점에서는 단독주인공 영화가 관객 소구력이 가장 크고, 복수의 주인공을 내세운 영화들은 상대적으로 흥행성이 떨어지는 편이다. 그 이유는 한 사람을 중심으로 구성된 이야기가 관객 입장에서는 일단 따라가기 쉬울 뿐만 아니라, 한 명의 주인공에게 집중해 점진적으로 감정이 축적되어 결말에 이르렀을 때 충만한 감흥을 느낄 수 있기 때문이다.

반면에 주인공이 여러 명이라면, 관객의 관심은 당연히 분산되고 각각 분산된 여러 갈래의 이야기가 관객의 집중력을 흐트러트려 감흥의 크기를 증폭시키기가 쉽지 않다. 다만 복수의 주인공을 두는 영화라 하더라도 집단주인공 전략은 여러 명이 팀을 이루어 마치 한 명의 주인공처럼 움직이는 플롯을 따르기 때문에 여러 명의 이야기가 각자 독립적으로 진행되는 다중주인공 전략보다는 상대적으로 흥행성이 높다고 볼 수 있다. 그래서 다중주인공 전략은 대중영화에서 즐겨 쓰이지 않는다. 대신 예술영화에서는 환영받는데, 그건 다양한 인물들의 이야기를 통해 관객의 사유와 성찰을 끌어내는 예술영화의 본질과 맞닿아 있기 때문일 것이다. 복수의 주인공을 내세운 영화들이 관객 동원에 다소 불리한 측면이 있지만, 영화의 다양성에 기여한다는 점에서는 의미가 크고 종종 흥행에 성공하는 경우도 있다.

특히 집단주인공 영화는 경찰대생 희열(강하늘)과 기준(박서준)을 내세워 565만 명의 관객을 동원한 〈청년경찰〉과 같이 두 명이 주인공인 버디 무비buddy movie부터 천만영화인 〈어벤져스: 인피니티 워〉와 〈어벤져스: 엔드게임〉처럼 주인공으로 수십 명의 슈퍼히어로가 등장하는 경우까지 다양한 조합이 가능하다. 그 밖에 흥행에 성공한 집단주인공 전략의 한국영화로는 차헌태(하정우)가 이끄는 스키점프 국가대표팀의 올림픽 도전을 다룬 〈국가대표〉(849만)와 황반장(설경구)이 이끄는 경찰 특수부대 감시반의 활약상을 그린 〈감시자들〉(551만) 등이 있다.

그리고 가장 창의적인 집단주인공 영화로는 단연 6월항쟁을 다룬 장준환 감독의 〈1987〉(723만)을 꼽을 수 있다. 이 영화는 1987년 박종철 고문치사 사건에서 시작해 이한열 열사의 장례식 장면으로 끝나는 구성적인 특징이 돋보인다. 보통의 집단주인공 영화에서는 극 초반에 주인공 집단의 구성원들이 다 같이 모여서 의기투합한 후 함께 여정을 떠나는 플롯이 일반적인데, 〈1987〉에서는 주인공 집단이 함께 모여 의기투합하지 않는다. 각자의 위치에서 자기가 할 수 있는 최선의 행동을 하고 그 행동들이 서로 연결되어

큰일을 이루는 방식으로 전개된다.

대학생 박종철(여진구), 공안검사 최환(하정우), 기자 윤상삼(이희준), 형사 조한경(박휘순), 교도관 한병용(유해진), 해직기자 이부영(김의성), 대학생 연희(김태리), 재야인사 김정남(설경구), 대학생 이한열(강동원) 등 여러 인물의 마음이 마치 이어달리기를 하듯이 전달되고 뜻이 합쳐져 마침내 서울시청 앞 광장에 대규모의 군중이 모이게 된다. 거창한 뜻을 가진 특정 개인이나 집단이 주도하는 것이 아니고 한 사람, 한 사람의 마음과 뜻이 이어지고 전해지고 모아지고 들불처럼 번져나가 대업을 이룬다. 말 그대로 '민중 봉기'의 참뜻을 전달하려는 주제와 정확하게 일치하는 주인공 전략이 구사된 것이다. 집단주인공 영화의 관습을 깨고 이야기의 목적과 주제에 알맞게 내세운 이어달리기식 주인공 전략이 〈1987〉을 명작의 반열에 올려놓았다.

이례적으로 관객들로부터 큰 호응을 받은 다중주인공 영화도 있는데, 대단한 출연진을 자랑하며 다양한 커플들의 크리스마스 시즌 로맨스를 그린 영국영화 〈러브 액츄얼리〉와 고향 친구들의 커플 동반 저녁 모임에서 휴대폰 수신 내용을 실시간으로 공개하는 게임을 통해 각자의 사연이 드러나는 이재규 감독의 한국영화 〈완벽한 타인〉을 꼽을 수 있다.

한편 고전 명작인 구로사와 아키라 감독의 〈7인의 사무라이〉는 무려 일곱 명의 사무라이가 모여 산적들의 약탈과 침략으로부터 고통을 받고 있는 한 시골의 마을 사람들을 지켜준다는 내용인데, 이 영화는 집단주인공 이야기의 원형을 제시한 사례로 두고두고 회자되고 있다. 할리우드에서 율 브린너가 출연한 〈황야의 7인〉과 이병헌의 출연으로 화제가 된 〈매그니피센트 7〉으로 두 번이나 리메이크되는 등 수많은 집단주인공 영화 기획의 참고 영화reference이기도 하다. 또한 21세기에 들어서 화려하게 등장한 스티븐 소더버그 감독의 〈오션스 일레븐〉은 집단주인공 전략을 취한 범죄영화의 모델이 되었고, 그 영향이 자연스럽게 한국영화 〈도둑들〉에도 이어졌다.

그래서 〈도둑들〉은 언뜻 보면 열 명의 도둑들이 마카오의 카지노를 터는 내용이라, 먼저 만들어진 열한 명의 도둑들이 라스베이거스의 카지노를 터는 〈오션스 일레븐〉과 비슷한 주인공 전략을 구사했을 거라 생각하기 쉽다. 관객들도 그저 열 명의 도둑들이 카지노 금고에서 희대의 다이아몬드인 태양의 눈물을 훔치는 영화로 기억할 것이다. 정말 그런지 〈도둑들〉의 이야기를 대략적으로 살펴보자.

영화 초반 한국팀과 홍콩팀, 합쳐 총 열 명의 도둑들이 함께 모여 마카오의 카지노에서 '태양의 눈물'을 훔치기로 하고 실행에 나선다. 그런데 이 영화는 플롯의 한가운데 중간 지점에 놀라운 반전을 배치했다. 카지노 범행 현장에서 마카오박의 진두지휘 아래 나머지 아홉 명의 도둑들이 절묘한 협업으로 금고를 열지만 정작 그 안에는 아무것도 없던 것이다.

이게 무슨 일인가? 다이아몬드는 어디로 간 것이란 말인가? 도둑들, 카지노 관계자, 경찰 모두 금고가 있는 VIP룸에만 정신을 팔고 있는 사이, 마카오박은 전혀 다른 장소에서 2천만 달러짜리 보석 태양의 눈물을 안전하게 빼돌리고 혼자서 호텔을 유유히 빠져나온다. 그리고 비상 상황의 마카오 호텔에서 힘겹게 빠져나온 나머지 도둑들, 다이아몬드의 주인인 웨이홍(기국서), 웨이홍을 뒤쫓는 홍콩 경찰 모두를 부산으로 유인한다. 부산의 한 호텔에서도 태양의 눈물을 차지하려고 서로 쫓고 쫓기는 상황이 이어지는데, 마카오박은 자신에게 집중된 시선을 역이용해 예니콜이 안전하게 다이아몬드를 가지고 호텔을 나가도록 유도한다.

예니콜은 혼자 그 다이아몬드를 팔기 위해 홍콩으로 다시 들어간다. 어렵게 부산을 빠져나온 마카오박은 예니콜이 머물고 있는 홍콩의 호텔에 나타나 예니콜을 함정에 빠뜨리고, 최종적으로 태양의 눈물을 자신의 손에 넣으면서 영화가 끝난다.

관객들은 영화가 끝나는 순간, 처음부터 이 모든 것이 다 마카오박의 계획이었다는 사실을 알게 되면서 놀라움을 금치 못한다. 영화 초반 분명 열 명이 의기투합해 한 팀으로 카지노를 터는 것처럼 집단주인공 영화의 판을 깔아 놓고, 반전에 반전을 거듭해 모두를 속이고 마카오박의 단독주인공 영화로 마무리한 것이다. 관객들은 자신들마저 마카오박에게 속았음에 무릎을 치며 환호한다.

〈도둑들〉은 화려한 주인공 집단을 미끼로 던지고 관객의 관심을 낚아챈 후 흥행성이 가장 높은 단독주인공 전략으로 최종 플롯을 완성했다. 이로써 시종일관 관객으로 하여금 주동인물 마카오박을 따라 집중력을 잃지 않게 하고, 점점 더 깊이 영화에 몰입하도록 만들었다. 이 점이 바로 천만 영화의 반열에 오른 진짜 비결이다.

중간점의 대반전

열 명이 모여 카지노 금고에 있는 고가의 보석을 훔친다는 기획 아이디어는 자연스럽게 집단주인공 전략을 먼저 떠올리게 한다. 또한 관객들이 열 명의 도둑들이 탄탄한 팀워크로 온갖 기지와 기술을 발휘하여 성공적으로 미션을 완수하는 영화를 상상하게 한다. 그 과정에서 다채롭고 기발한 아이디어의 전시로 즐거움을 보장하고, 주인공들의 극적인 승리로 마무리하여 통쾌한 재미를 담보할 수 있다. 이런 전략을 정확하게 구사한 영화가 〈오션스 일레븐〉이다. 이 작품은 흥행 성공과 함께 작품성에 대한 평가도 좋은 편이다. 속편 〈오션스 트웰브〉와 〈오션스 13〉까지 합쳐 손꼽히는 3부작이 되었다.

〈도둑들〉은 〈오션스 일레븐〉의 주 무대인 미국 라스베이거스를 동양의 마카오 카지노로 옮겨온 듯한 비슷한 설정의 이야기다. 어떤 아이디어를 내더라도 이미 성공한 할리우드 3부작의 그늘에서 벗어나기가 쉽지 않았을 것 같다. 과연 〈도둑들〉은 어떻게 차별화했는지 자세히 들여다보자.

영화의 플롯을 절반으로 나누어 보면, 전반부는 예상대로 집단주인공 전략처럼 진행된다. 먼저 뽀빠이, 예니콜, 잠파노, 씹던껌이 소개되고, 이제 막 출소한 팹시가 합류하면서 한국팀의 구성이 끝난다. 그들은 첸(임달화), 앤드류(오달수), 줄리(이신제), 조니(증극상)의 홍콩팀과 함께 마카오박의 계획에 따라 마카오에 입성한다. 초반부터 등장인물이 많고 각자의 사연이 소개되는데, 정작 이야기의 중심인 마카오박의 등장이 늦어져 자칫 산만해지려는 순간에 2천만 달러 가치의 다이아몬드 태양의 눈물을 훔친다는 미션이 소개되면서 관객들의 이목을 집중시킨다. 여기까지는 전형적인 집단주인공 영화의 모습이다.

그런데 다이아몬드가 보관되어 있어야 할 VIP룸의 금고 속이 텅 비어 있다. 그 순간 대반전이 일어난다. 전체 플롯의 정중앙인 중간점midpoint에 대전환plot twist이라는 서사적 장치가 배치된 것이다. 노인으로 변장한 마카오박이 전혀 다른 장소에서 혼자 다이아몬드를 빼돌리고, 나머지 아홉 명의 도둑들에게는 문자가 도착한다. "다이아는 잊어주세요. 그동안 고마웠습니다." 이때 아홉 명의 도둑들은 마카오박에게 속았음에 분노하고, 동시에 관객들은 이야기의 방향이 급선회한다는 것을 직감하게 된다.

바로 이 지점에서 〈도둑들〉은 집단주인공 플롯이 아니라고 선언한 것이나 다름없다. 열 명의 집단이 의기투합하여 공동의 목표로 엔딩까지 내달리는 것을 기대했던 서사의 약속이 깨지고, 이후 후반부의 이야기는 예상치 못한 전혀 다른 방향으로 진행될 것을 예고한다. 이렇게 플롯 전체의 중간점에 배치한 대전환은 구조적으로 대반전을 만들어내는 효과가 있다. 관객의 예상을 뒤엎기도 하고 이전과는 전혀 다른 장르로 변경할 수도 있고 극적 긴장감dramatic tension을 한껏 고조시키는 등 여러 가지 효과가 있는 매우 유용한 서사 도구다. 특히 전체적으로 관객들이 지루할 틈이 없는 영화를 만들고자 할 때는 꼭 중간점의 대전환을 고려해 볼 필요가 있다.

봉준호 감독의 미국 아카데미 작품상 수상작 〈기생충〉도 중간점에 대전환이 배치되어 있다. 기택의 가족은 부잣집을 점령하고 집주인 박사장(이선균)의 가족이 집을 비운 사이 자기네 집처럼 편안하게 즐기며 분위기에 취해 있는데, 갑자기 해고된 집사 문광(이정은)이 다시 찾아와 집 안으로 들어오면서 대반전이 일어난다. 이후 스릴러 장르로 변경되고 전혀 다른 양상의 이야기가 전개되면서 영화는 더욱 흥미진진해진다.

대전환의 대표적인 예로 자주 회자되는 고전영화도 있는데, 그게 바로 감독들의 감독으로 추앙받는 알프레드 히치콕 감독의 〈싸이코〉다. 영화 전반 회사원 마리온(자넷 리)은 결혼 자금으로 쓰기 위해 회사 돈 4만 달러를 훔쳐 달아나던 중 의문의 모텔에 도착한다. 그리고 그곳에서 모텔 주인 노먼 베이츠(안소니 퍼킨스)에 의해 살해된다. 주인공으로 생각했던 인물이 죽은 뒤 영화 후반부는 전혀 다른 방향의 플롯으로 전개되어 관객의 궁금증을 증폭시킨다.

그렇다면 대전환을 기점으로 영화 전반부와 후반부가 전혀 다른 이야기가 되는 걸까? 만약 영화가 그렇게 만들어졌다면, 관객은 한 영화에서 전반과 후반이 분리된 두 개의 이야기를 접하는 꼴이 된다. 이렇게 되면 관객은 혼란에 빠지고 전체적으로 감흥의 응집력이 깨질 위험이 있다. 중간점의 대전환은 전반부와 후반부를 서로 다른 결로 완전히 분리하는 것이 아니다. 반전 효과를 주되 전반부와 후반부를 여전히 하나의 이야기로 풀어낼 수 있어야 관객에게 훨씬 더 매력적인 영화로 다가갈 수 있다.

〈도둑들〉은 영화의 중간점에 배치된 대전환을 통해 전반부에 벌어진 모든 일을 마카오박이 작정하고 설계한 일들로 만듦으로써 마카오박이 전체 이야기의 중심인 단독 주동인물임을 선명하게 드러낸다. 동시에 대전환 이후의 이야기가 하나로 정리되는 데에는 세심하게 깔려 있는 복선 foreshadowing이 큰 역할을 한다. 영화를 자세히 보면 영화 전반부에 열 명의 도둑들은 의기투합이 아니라 동상이몽을 하고 있다는 암시가 깔려 있다. 이러한 설정은 중간점의 대반전에도 불구하고 이후 후반부에도 뽀빠이, 예니콜, 팹시, 첸, 줄리 등 각자 다른 속셈으로 움직이는 도둑들이 결국 마카오박의 의도대로 서로 물고 물리는, 쫓고 쫓기는 관계를 형성하게 만들어 이야기가 통일성을 갖게 한다.

〈도둑들〉의 플롯에 배치된 대전환은 이처럼 극적 긴장감을 높이는 재미있는 장치로서 기능할 뿐만 아니라 주인공 마카오박이 왜 이런 일을 꾸민 건지 관객의 호기심을 증폭시키는 기폭제 역할을 한다. 게다가 대전환을 계기로 이후 예측불허의 이야기가 끝까지 지속되면서 관객들을 쥐락펴락한다.

결국 중간점의 대전환은 전체적으로 영화의 매력을 한껏 끌어올림과 동시에 비교 대상이었던 〈오션스 일레븐〉과 차별화되는 신의 한 수가 된다. 무엇보다도 이런 〈도둑들〉 속 대전환에 담긴, 마카오박이 모두를 속였다는 반전 아이디어는 〈도둑들〉의 플롯을 단독주인공 마카오박을 중심으로 하나의 통일된 이야기로 완성시키는 데에 핵심 고리 역할을 한다는 점에서 더욱 빛이 난다.

장르와 모티프의 활용

대중영화를 종종 장르영화라고도 한다. 어떤 감독이 장르영화를 만든다는 건 관객을 염두에 두고 영화를 만든다는 뜻이다. 즉, 관객을 의식한다는 걸 의미한다. 장르genre라는 용어 자체가 이야기의 유형 또는 종류라는 뜻인데, 관객들은 관람할 영화를 선정할 때 장르를 가장 우선적인 요소로 고려하기 때문이다. 영화진흥위원회의 연구보고서《2022년 영화소비자 행태조사》[2]에 따르면, 일반 관객들은 영화를 선택할 때 다른 요소들보다도 '줄거리, 소재, 장르'를 가장 최우선으로 고려했다. 주기적으로 진행했던 이전의 같은 설문 조사에서도 줄곧 비슷한 결과였다.

'줄거리, 소재, 장르' 등의 단어는 한마디로 '스토리'와 같은 맥락으로 이해할 수 있다. 할리우드 관계자들은 영화를 성공시키려면 무엇이 가장 중요한지 묻는 질문에 자동적으로 "스토리, 스토리, 스토리"라고 대답하곤 한다. 결국 관객들이 영화를 선정함에 있어서 가장 중요한 요소는 스토리라는 것이고, 관람을 결정한다는 것은 스토리의 유형, 즉 장르를 선택하는 것이라 할 수 있다.

그래서 영화를 만들 때 장르를 명확하게 내세우는 것은 관객 소통과 흥행 측면에서 유리한 고지를 선점하는 방법이 된다. 특히 영화는 영상과 소리를 통해 이야기를 전달하는 매체이기 때문에 문자로 소통하는 것과 달리 한 작품에 훨씬 많은 양의 정보가 담겨 있다. 만약 어떤 영화가 새로움으로 가득하다면, 보통 관객의 입장에선 이야기를 따라가면서 소화해야 하는 정보가 과다해진다. 그렇게 되면 정보들 사이의 의미 파악에 급급하기 때문에 스토리를 소화하는 것이 버거워지면서 감정적인 몰입에 방해가 될 수 있다. 제대로 즐기기가 힘들다는 뜻이다.

미국의 영화학자 데이비드 보드웰David Bordwell과 크리스틴 톰슨Kristin Thompson은 장르영화가 관객들에게 스토리를 빠르게 전달하고 경제적으로 소통할 수 있도록 도와준다고 말하며3 장르의 중요성을 강조했다. 그래서 익숙한 이야기 유형(장르)을 토대로 새로움을 곁들이는 것이 대중영화의 화법이 된 것이다.

장르적으로 〈도둑들〉은 '범죄영화'에 속한다. 영화 장르 중에서 범죄영화는 대중에게 가장 인기 있는 이야기 유형이다. 범죄영화는 우리 인간의 삶 속에서 가장 극적인 갈등 상황이 만들어지는 범죄를 다루기 때문일 것이다. 범법, 불법, 탈법 등의 위법성을 내포하고 있는 범죄는 그 자체로 스토리의 동력energy이 된다.

세상에 수많은 종류와 양상의 범죄가 있는 만큼이나 범죄영화 장르의 범위도 넓다. 그래서 범죄 내용과 어느 관점에서 이야기를 끌고 가느냐에 따라서 다시 여러 하위 장르subgenre로 나뉜다. 〈베테랑〉과 〈범죄도시〉와 같이 경찰 수사가 중심인 형사영화detective film가 제일 많은 편이고, 〈범죄와의 전쟁〉과 〈신세계〉처럼 범죄 집단과 조직원의 관점으로 전개되는 조폭영화gangster film, 범죄의 희생자(피해자)의 입장이 강조되는 〈추격자〉 같은 스릴러thriller 등 다양한 하위 유형이 존재한다.

그럼 〈도둑들〉은 범죄영화 중에서도 어떤 하위 장르를 취했을까? 제목은 '도둑들'이고 마케팅 메인 카피가 "10인의 도둑, 1개의 다이아몬드 그들이 움직이기 시작했다"인 걸 보면, 관객에게 영화의 장르를 명쾌하고 쉽게 전달하고 있다는 걸 알 수 있다. 이처럼 범죄자의 관점에서 범행을 모의하고 실행하는 이야기 유형을 가진 영화를 범죄영화의 하위 장르 중에서도 '케이퍼 무비caper movie'라고 한다. 주로 살인 같은 흉악 범죄보다 사기, 절도, 강도 등의 범죄를 유쾌하게 그리는 장르다. 〈도둑들〉은 제목과 마케팅 카피로 케이퍼 무비라는 영화의 장르를 전면에 내세운 셈이다.

여기까지는 여타 영화들에서도 종종 볼 수 있는 관객을 유인하는 기획 콘셉트hook인데, 본편의 이야기가 관객의 기대에 못 미친다면 관람 후 관객들의 실망감은 오히려 커질 수도 있다. 훌륭한 마케팅 콘셉트가 오히려 독이 되는 경우 말이다. 〈도둑들〉은 어떻게 그런 우려를 불식시키고 관객에게 상상 그 이상의 스토리텔링을 보여주었는지 장르적 관점에서 다시 들여다보자.

먼저 케이퍼 무비 장르에는 근본적인 문제가 있다. 주인공이 범죄자라는 것이다. 관객들이 어떻게 범죄자에게 감정이입하고 그(녀)를 응원할 수 있겠는가? 보통의 범죄자라면 악인일 텐데, 만약 선량한 시민을 대상으로 범죄 행각을 벌이는 이야기라면 더더욱 관객의 감정이입과는 거리가 멀어진다. 그래서 주인공이 범죄 행위를 벌이는 케이퍼 무비가 대중영화로 만들어지기 위해서는 두 가지 전제 조건이 필요하다.

첫째, 주인공 주변에 상대적으로 더 나쁜 범죄자들을 배치하고 그들에 맞서 싸우도록 해야 한다. 〈도둑들〉에서는 주인공 마카오박의 상대로 홍콩 경찰이 5년째 수배 중인 거물급 범죄자 웨이홍을 내세운다. 그리고 웨이홍이 가지고 있는 다이아몬드 태양의 눈물을 훔치기 위해 마카오에 함께 입성한 아홉 명의 동료 도둑들은 의리로 뭉친 멤버들이 아니고 저마다 자기 잇속에 따라 움직인다. 그중에 과거 마카오박을 배신했던 한국팀 수장 뽀빠이도 있다. 심지어 한국의 경찰(주진모)은 웨이홍 일당에게 매수된다.

결국 주요 등장인물 중에는 주인공보다 상대적으로 선의 위치에 있는 캐릭터가 거의 없다. 이런 인물 배치는 관객의 마음이 자연스럽게 주인공 쪽으로 쏠리게 만들기 위한 설정이다. 인간은 상대적으로 더 선한 쪽으로 마음이 가는 본성을 가지고 있기 때문이다.

둘째, 주인공의 범죄 행위에 명분이 있어야 하고 정당성이 부여되어야 한다. 〈도둑들〉에선 이를 위해 주인공의 과거 사연backstory이 적절하게 활용된다. 태양의 눈물은 원래 마카오박 아버지의 것이었지만, 그는 과거 웨이홍에게 다이아몬드를 빼앗기고 목숨까지 잃었다. 어린 시절 마카오 박은 이를 현장에서 직접 목격한 뒤 원한을 가진다. 그후 성 인이 된 마카오박은 예전 동료였던 뽀빠이에게 배신을 당 했을 뿐만 아니라, 뽀빠이의 계략으로 오히려 연인이었던 팹시에게 배신하고 떠났다는 오해를 사게 된다. 주인공 마 카오박은 웨이홍에게는 아버지의 복수를, 뽀빠이에게는 자 신의 복수를 해야 하는 명분이 있다. 게다가 태양의 눈물을 훔치는 건은 원래 자신의 것(아버지의 소유물)을 되찾아오는 일이기도 하다.

이렇게 마카오박이 웨이홍과 뽀빠이를 응징하고 태양의 눈물을 차지하려는 계획에 정당성이 부여된다. 주인공 마 카오박은 범죄 행각에도 불구하고 관객들의 지지를 받으며 응원의 대상이 된다. 결국 마카오박에게 주변인물을 적절 하게 배치하고 과거 사연을 부여함으로써 비로소 마카오박 은 관객이 감정이입할 수 있는 인물, 즉 대중영화의 주인공 으로서 자격을 갖춘다.

이런 과거 설정은 애초부터 열 명의 도둑들이 모여 함께 마카오의 카지노에서 다이아몬드를 훔친다는 기획의 콘셉 트가 그대로 엔딩까지 유지되는 다소 전형적인 집단주인공 영화를 탈피하려는 의도로 보인다. 더욱이 앞서 기술한 중 간점의 대전환과 절묘하게 어우러지고 대반전의 효과가 극대화될 수 있는 토대가 된다.

마카오박이 일으킨 중간점에서의 대반전은 동료들을 비롯한 모든 등장인물과 관객마저도 완벽하게 속인다. 이후에도 그는 계속 다른 등장인물과 관객 모두를 혼란스럽게 하면서 원수 웨이홍을 부산으로 유인하여 아버지의 복수를 실행하고 배신자 뽀빠이를 응징한다. 연인 팹시와는 오해가 풀리고 관계를 회복한다.

마카오박은 마지막 장면에서도 예니콜을 또다시 속이고 태양의 눈물을 손에 쥐며 최종 승자가 된다. 영화 내내 함께 기꺼이 속아준 관객들은 즐겁기만 하다. 시종일관 서로 속고 속이고 쫓고 쫓기는 〈도둑들〉의 플롯은 케이퍼 무비의 장점을 최고치로 끌어올린다. 결국 주동인물 마카오박은 중간점의 대전환과 케이퍼 무비라는 장르를 만나 매력적인 단독주인공이 된다. 마카오박의 기지와 그가 설계한 게임에 관객들은 황홀경에 빠진다.

한편 〈도둑들〉은 여러 갈래의 이야기가 복잡하게 얽혀 있어 자칫 산으로 갈 수 있었던 다소 위험한 기획이다. 열 명의 도둑들이 다이아몬드를 훔치는 이야기, 마카오박의 복수(웨이홍), 마카오박과 팹시의 러브 스토리(관계 회복), 과거 마카오박과 뽀빠이의 악연, 악당 웨이홍을 검거하기 위한 홍콩 형사의 언더커버 이야기, 웨이홍과 결탁한 한국 형사

이야기, 예니콜과 잠파노의 청년 로맨스, 씹던껌과 첸의 중년 로맨스 등 다양한 내용이 혼재되어 있다.

더욱이 주연급 배우 여러 명이 동시에 한 영화에 출연하여 개별적으로 모두 무게감이 있는 모습을 보여준다. 각자의 개별 스토리가 두루 중요하고 재미있다. 그러나 여러 이야기에 관객의 관심이 분산되어 산만해질 수도 있는 위험성이 동시에 존재한다. 모두가 다 중요하다는 건 결국 아무것도 중요하지 않다는 뜻인데, 이는 '멀티캐스팅'의 함정이기도 하다. 〈도둑들〉의 대박을 기폭제로 한국영화계에 멀티캐스팅이 유행을 탔다. 이는 현재까지도 이어질 뿐만 아니라 흥행의 성공 요인으로 고려되고 있다. 하지만 멀티캐스팅 영화의 상당수는 기대에 못 미치는 흥행 성적을 보이고 있는 것이 현실이다.

관객이 주목하는 스토리텔링의 비법은 마치 훌륭한 음식을 만드는 비결과 유사하다. 좋은 재료들을 잘 준비하는 것만이 아니라 그것들의 조합으로 맛을 내는 요리 솜씨가 중요한 것처럼, 이것저것 두루 강조하기보다 가장 중요한 이야기를 중심으로 곁가지 이야기들이 양념처럼 보조를 맞추면서 돌아가도록 해야 한다. 이게 관객이 이야기를 소화하고 감흥을 받게 만드는 보편적인 방식인데, 멀티캐스팅은 한 영화에 다수의 주목도 높은 배우가 출연해 관객 유인 효과는 커질 수 있지만 서사적으로는 관객의 관심이 분산되어 응집력이 떨어질 위험이 있다.

2017년에 개봉한 류승완 감독의 〈군함도〉는 7월 26일 개봉 첫날 97만 명이 넘는 관객을 동원해 역대 최고 오프닝 기록을 세우면서 엄청난 기대를 모았다. 영화는 일제강점기, 영문도 모른 채 지옥섬 군함도에 끌려온 조선인 노동자들의 이야기를 다룬다. 황정민, 송중기, 소지섭, 이정현 등 화려한 캐스팅을 자랑한다. 큰 스케일의 볼거리와 지옥섬에서 탈출하는 이 영화의 메인플롯main plot은 상업적인 매력이 넘치는 블록버스터로서 손색이 없다. 개봉 당시의 분위기는 천만 흥행은 기본이고 역대 한국영화 중 최다 관객 수를 자랑하는 〈명량〉의 1761만 명을 넘어서는 흥행 신기록을 기대했을 정도이다. 하지만 최종 결과는 기대에 훨씬 못 미치는 659만 명에 그치고 말았다.

다들 흥행 성적에 어리둥절했고 의견이 분분했다. 어디서부터 잘못된 걸까? 흥행 실패 요인을 꼭 한 가지만으로 정리할 수는 없겠지만 가장 기본으로 돌아가 영화의 주인공 전략을 한번 짚어볼 필요가 있다. 〈군함도〉의 주인공은 과연 누구인가? 단독주인공일까? 집단주인공일까? 아니면 다중주인공 전략을 구사한 것인가?

서사적인 주인공, 즉 주동인물을 찾아내기 위해서는 우선 메인플롯이 무엇인지를 알아야 한다. 〈군함도〉의 메인플롯은 너무 명확해 보인다. 조선인 노동자들 모두가 지옥섬을 탈출하는 것일 텐데, 그럼 이 탈출을 누가 주도적으로 이끄는가? 조선인 노동자들이 대거 섬을 빠져나가는데, 시종일관 누구를 중심으로 이 영화를 봐야 하는가? 특정 인물 한 사람인가? 아니면 복수의 인물인가?

영화 초반에는 경성 반도호텔 악단장 출신 이강옥(황정민)에 초점이 맞추어진다. 그렇다면 강옥은 탈출을 주도하고 끝까지 완수하는가? 그런 것 같진 않다. 그럼 최칠성(소지섭)이 모두의 탈출을 계획하고 주도적으로 실행하는가? 그렇지 않다. 그렇다면 박무영(송중기)이 주도하는가? 그렇게 보이기는 하는데 조금 문제가 있다. 박무영은 광복군 소속의 미전략사무국OSS 요원인데, 영화가 시작한 뒤 40분쯤 지나서 등장한다. 군함도에서 독립운동의 주요 인사인 윤학철(이경영)을 데리고 나오는 미션을 수행하기 위해 뒤늦게 지옥섬에 합류한 것이다.

그런데 박무영은 알고 보니 윤학철이 시마자키 소장(김인우)과 결탁하여 조선인 노동자를 이용해 자신의 이익을 추구하는 인물이라는 걸 알게 되고, 생각을 바꿔 윤학철을 처단한 다음 조선인 노동자들과 함께 섬을 탈출하기로 한다. 이 지점은 어느새 영화가 시작한 후 90분이 경과한 즈음이다. 관객들은 정말 오래 기다렸다. 박무영은 너무 늦게 등장하고 너무 늦게 탈출을 주도한다. 메인플롯을 시종일관 이끌어야 하는 주동인물로서의 서사적 자격이 충분하지 않다. 결과적으로 〈군함도〉는 단독주인공 영화로 정리되지 못한다.

그렇다고 집단주인공 영화로 보기에도 다소 무리가 있다. 박무영, 이강옥, 최칠성 등은 러닝타임이 90분쯤 지나서야 다 같이 탈출하기로 하는데, 이건 의기투합이라기보다 다른 선택지가 없어 어쩔 수 없이 함께 탈출해야만 하는 상황이 된 것뿐이다. 이제 영화를 마무리해야 하는 시점에서야 탈출을 시작하다니 시간적으로도 너무 늦어버렸다. 그래서 구조적으로 집단주인공 영화라고 하기에도 애매하다.

단독주인공 전략도 아니고 집단주인공 전략도 아니라면 애초부터 〈군함도〉의 메인플롯은 조선인 노동자 모두가 지옥섬에서 탈출하는 이야기가 아닐지 모른다. 그보다는 군함도에 모여 있는 다양한 인물 군상을 보여주고 그들 각자의 이야기를 전달하려는 의도가 있었을 수도 있다. 그래서 〈군함도〉는 굳이 해석하자면, 군함도를 배경으로 이강옥 부녀 이야기, 최칠성과 오말년(이정현) 이야기, 박무영과 윤학철 이야기 등 여러 갈래의 이야기를 개별적으로 다루는 다중주인공 영화와 가까워 보이기는 하지만 완벽한 다중플롯의 영화는 또 아니다. 굳이 다중주인공 영화라 결론을 짓는다 해도, 블록버스터 영화에서 다중주인공 전략을 취한다는 것은 마치 몸에 맞지 않는 옷을 입은 것과 같다.

이처럼 주인공 전략이 모호하다 보니 영화 속 다양한 이야기 갈래들이 서로 잘 어우러지지 않는다. 당연히 스토리텔링의 응집력은 떨어지고 관객들은 혼란스러워할 수밖에 없다. 게다가 멀티캐스팅이 관객의 주의를 분산시켜 혼란을 가중시키는 측면도 있다. 멀티캐스팅 자체가 문제는 아니다. 다만 멀티캐스팅의 영향으로 서사에 응집력이 깨질 수도 있다는 걸 신중하게 고려해야 한다.

만약 다양한 스토리가 하나로 잘 엮이지 못한다면, 그 이야기는 관객의 마음속에 산만하게 분해된 채로 남는다. 이때 관객은 냉담해지고 관람 만족도는 떨어진다. 다시 〈도둑들〉의 이야기를 이어가 보자. 역시 멀티캐스팅과 여러 갈래의 다양한 이야기가 특징인 이 영화는 어떻게 앞서 지적한 우려를 불식시키고 오히려 장점으로 부각시켰는가? 그 비결은 바로 2천만 달러짜리 다이아몬드 '태양의 눈물'이라는 모티프의 활용에 있다.

모티프motif란 서사에 반복적으로 나타나는 이야기 구성 요소로서 특정한 감정이나 상황, 액션을 유발하는 장치를 말하는데, 주로 사물(소품)이나 상징물로 표현된다. 예를 들면 〈어벤져스: 인피니티 워〉와 〈어벤져스: 엔드게임〉의 '인피니티 스톤'은 우주를 지배하는 힘을 가진 보석인데, 그걸 차지하기 위해 주요인물들이 대립하도록 하여 관객이 이야기에 집중할 수 있도록 도와준다. 〈기생충〉에서의 '냄새'는 계층 간의 갈등을 상징하는 모티프인데, 가난한 사람들과 부유한 사람들 사이의 경계를 나타내고 계층 간의 차별을 보여준다. 〈타이타닉〉에서 주인공 로즈(케이트 윈슬렛)가 착용했던 전설적인 다이아몬드 목걸이 '대양의 심장'은 영화 전체를 관통하는 핵심 고리의 역할을 하면서 관객을 안내하고 감정을 불러일으킨다. 〈7번방의 선물〉에서 자주 등장하는 애니메이션 캐릭터 '세일러문'은 "정의의 이름으로 널 용서하지 않겠다"라는 슬로건과 함께 관객의 감성을 자극하고 주제를 선명하게 부각시킨다. 이처럼 모티프는 영화의 주제나 분위기를 표현하는 데에 중요한 역할을 하고, 관객이 영화적 세상에 더욱 몰입할 수 있도록 안내자 역할을 한다.

한국영화 〈외계+인 1부〉는 관객들로부터 이야기가 산만하다는 평가를 받고 흥행도 기대에 못 미치자, 1부와 동시에 촬영을 마쳤던 〈외계+인 2부〉는 주인공 이안(김태리)이 '신검'을 차지하고 그것으로 지구를 구한다는 이야기를 중심으로 편집한 버전으로 개봉했다. 이는 신검이라는 모티프를 적극적으로 활용하여 관객과의 접점을 만들고 스토리의 응집력을 높이려는 의도로 보인다. 하지만 안타깝게도 이미 1부에서 크게 실망한 관객들의 마음을 되돌리기에는 때늦은 궁여지책이 되고 말았다. 마치 정류장을 떠난 버스를 향해 손을 흔드는 것처럼 말이다.

〈도둑들〉에서는 마카오박을 단독주인공으로 내세우고, 태양의 눈물이라는 모티프를 영리하게 활용함으로써 산만한 이야기 갈래들을 한 방향으로 모으고, 혼란스러워할 수도 있는 관객들을 목적지까지 잘 이끄는 궤도를 만들어냈다. 그 궤도는 바로 단독주인공 마카오박의 길이다. 관객들은 주인공의 안내에 따라 그저 단순하게 태양의 눈물을 누가 차지하는지 쫓아가기만 하면 된다. 태양의 눈물이 모든 상황을 연결하여 하나의 이야기로 만들어준다.

결국 〈도둑들〉의 스토리텔링을 종합해 보면, 주인공 마카오박이 모두를 따돌리고 우여곡절 끝에 태양의 눈물을 자기 손에 쥐는 이야기를 메인플롯에 두고, 그 과정에서 아버지에 대한 복수도 성공하고 연인 팹시와의 관계도 행복한 결말을 맞는 서브플롯subplot이 배치되어 있다. 메인플롯과 서브플롯이 유기적으로 어우러지게 하는 세공이 뛰어난 영화다. 관객들이 다소 복잡한 이야기를 다이아몬드의 행방을 따라 쉽게 인식하면서 동시에 다양한 재미를 느낄 수 있도록 설계된 것이다. 이로써 조각조각 흩어져 자칫 무의미할 뻔했던 다채로움을 하나로 모아, 저마다의 의미를 살리고 감흥을 키워서 전체적으로 응집력이 있는 재미를 만들어낸다. 그 중심에 바로 태양의 눈물이라는 서사적 장치, 즉 모티프가 심어져 있다. 아주 단순하고 직관적인 태양의 눈물이라는 모티프의 활용은 주인공이 관객을 인도하는 길로서 이야기의 가이드 역할을 할 뿐만 아니라 기획적인 위험성을 극복하는 비책이 되었다.

재밌게도 최동훈 감독의 제작사명이 '케이퍼필름'이다. 그는 자신의 영화적 정체성을 회사명에 담을 정도로 명실공히 한국 최고의 케이퍼 무비 장인이다. 그의 야심작 〈도둑들〉은 장르를 표방하는 것에 그치지 않고 태양의 눈물을 서로 자기 손에 넣기 위해 벌이는 아귀다툼 속에서 단독주인공 마카오박을 중심에 두어 등장인물 모두를 속이고 관객들마저 어리둥절하게 만드는 구성으로 장르적 장점이 극대화되도록 했다. 이 복잡한 퍼즐을 절묘하게 맞추어낸 스토리텔링은 가히 신공에 가깝다. 관객들은 마치 게임을 하듯이 즐기다가 끝내 박수를 칠 뿐이다. 그래서 〈도둑들〉은 종합선물세트도 명품이 될 수 있다는 걸 증명해 낸 작품으로 오래 기억될 것 같다. 주인공은 스토리의 심장이다. 주인공은 관객의 아바타이자 가이드다. 꼭 명심하자.

주인공은 어떤 일이 있어도 그 이야기에서 가장 사랑할 만한 사람이어야 한다. 어떤 사람이 '사랑할 만한 사람'인가는 사람마다 다르겠지만, 나는 '매력적인 사람'이라고 생각한다. 그리고 그 매력이란 그가 자신의 한계를 온몸으로 껴안는 행동을 할 때(그간의 우리 용어로 치자면, 생고생할 때), 그걸 지켜보는 사람(작가나 독자) 내부에서 저절로 일어나는 공감의 감정에서 비롯한다고 생각한다.

- 김연수, 《소설가의 일》

주인공을 중심으로 돌고 있는 주변인물의 총합이

결국 주인공의 캐릭터다.

주변인물을 통해

주인공의 모습과 행적이 반영되어 보일 때

주인공의 캐릭터는 빛나고

이야기의 설득력은 커진다.

시퀀스❷ 내면 이야기

주변인물 배치로
중심인물을
빛나게 하라

광해, 왕이 된 남자

관객 1232만 명

개봉 2012.9.13 **등급** 15세 관람가 **장르** 사극, 드라마 **러닝타임** 131분

감독 추창민 **출연** 이병헌, 류승룡, 한효주, 장광, 김인권, 심은경 등

줄거리 1616년 광해군 8년, 조선은 왕위를 둘러싼 권력 다툼과 당쟁으로 혼란이 극에 달한다. 끊임없는 암살 시도에 대한 분노와 두려움으로 점점 난폭해져 가던 왕 광해는 도승지 허균에게 자신의 대역을 찾아올 것을 지시한다. 한편 기방의 취객들 사이에서 걸쭉한 만담을 뽐내며 왕에 대한 비난도 서슴지 않던 광대 하선. 왕과 똑같은 얼굴을 가진 그는 도승지의 눈에 띄어 궁으로 끌려와 음독으로 쓰러진 광해를 대신한다. 대역으로 시작했지만 하선은 누구보다 백성을 아끼고 생각하는 진짜 군주의 모습으로 변해가는데…. 왕이 쓰러진 기약 없는 시간. 왕이 될 수도 없고 되어서는 안 되는 자의 위험천만한 대역이 시작된다.

모든 인물은 주인공을 빛내기 위해 존재한다. 주인공이 이야기의 중심인물이며, 다른 인물들은 주인공의 이야기를 더욱 풍부하게 만들어주는 역할을 한다.

– 헨리 제임스Henry James

　모든 업계가 그렇겠지만 영화 시장에서도 1등을 지키려는 자와 1등을 빼앗으려는 자 사이의 주도권 싸움은 항상 있었다. 2012년 여름, 〈도둑들〉이 천만클럽에 가입하게 되면서 그때까지 천만 한국영화는 총 여섯 편이 되었다. 그중 지금은 사라진 투자배급사 시네마서비스가 〈실미도〉와 〈왕의 남자〉 두 편을, 쇼박스가 〈태극기 휘날리며〉, 〈괴물〉, 〈도둑들〉 세 편을 각각 역대 흥행 순위 최상위권에 올려놓음으로써 패권 다툼은 한층 더 치열해졌다. 경쟁사들의 도발적인 성과로 국내 최고 투자배급사로서의 위상에 타격을 받은 CJ엔터테인먼트는 윤제균 감독의 첫 번째 천만영화 〈해운대〉한 편으로 겨우 체면치레를 한 상황이었다.

2012년 추석 명절 시즌, 수세에 몰린 CJ엔터테인먼트에서 드디어 적시타가 터졌다. 홈런이었다. 배급 시장의 맹주를 가리는 승부의 균형추를 원점으로 돌린 그 영화가 바로 추창민 감독의 천만영화 〈광해, 왕이 된 남자〉다. 배우 이병헌의 첫 사극 도전으로 큰 화제가 되었던 팩션 사극 〈광해, 왕이 된 남자〉는 대박영화 경쟁에서 뒤처진 CJ엔터테인먼트의 자존심을 회복시켜주기에 충분한 영화가 되었고, 무엇보다 회사 내부에서 자체 기획한 영화라는 점에서 더 큰 의미가 있는 작품으로 인정받았다.

영화의 시작은 2009년으로 거슬러 올라간다. 한 대학생 기획인턴의 아이디어를 영화화하기로 채택하면서 대장정의 출발을 알렸다. 학생 인턴이 수개월간 선배들의 조언을 받으며 두 쪽 분량의 영화 기획 원안을 완성했고, 이를 사내 콘텐츠개발팀 직원이 보완하고 발전시켜 직접 작품기획서와 시나리오의 밑그림인 트리트먼트를 작성했다. 이후 전문 시나리오 작가가 합류해 본격적인 대본 작업이 진행되었고, 추창민 감독이 각색과 연출을 맡아 최종 작품으로 완성되었다. 원래 영화의 제목은 담대한 느낌의 '나는 조선의 왕이다'이었는데, 당시에 앞서 개봉이 확정된 〈나는 왕이로소이다〉와 혼선을 피하기 위해 부득이 마케팅 과정에서 '광해, 왕이 된 남자'로 바뀌게 되었다.

드디어 2012년 9월 13일, 최초 기획 원안에서 시작해 3년 반 만에 완성된 영화의 첫선을 관객에게 보이게 되었다. 원안, 기획, 개발, 제작, 마케팅 등 단계별로 역할 분담이 잘 이루어진 프로세스를 밟아 제작된 보기 드문 사례였다. 영화 평론가 이동진은 "대중영화의 모범적 화술과 연기. 반듯하고 번듯하다"라는 한 줄 평을 남겼다. 흥행성과 작품성, 두 마리 토끼를 모두 잡은 〈광해, 왕이 된 남자〉는 나의 커리어에서 가장 뿌듯하고 보람 있는 작품이다. 개인적으로 무척 사랑하고 자랑스러운 영화이기도 하다.

내면 이야기의 가치

스토리는 인간과 삶을 다루는 것이기에 마치 사람처럼 몸과 마음으로 구성된다. 다시 말해 모든 스토리에는 주인공을 중심으로 주변 사람이나 환경 등 외부의 세상과 맞서 싸워나가는 주인공의 육체 같은 '외면 이야기'와 주인공 내부의 또 다른 자신과 부딪히면서 내면세계를 드러내고 자신의 인간성을 보여주는 주인공의 정신 같은 '내면 이야기'가 혼합되어 있다. 다만 개별 영화마다 외면 이야기와 내면 이야기의 비율이 제각기 다르게 구성될 뿐이다.

양면의 이야기 비중을 각각 어떻게 나누어 배치하느냐에 따라 영화의 성격과 관객의 반응은 달라진다. 외면 이야기의 비중이 높을수록 관객 소구력이 넓어질 수 있고, 내면 이야기가 더 많이 다루어질수록 관객의 감각적인 반응보다 사유를 유도한다. 그래서 영화에서 외면 이야기와 내면 이야기의 안배는 매우 중요한 스토리 전략이 된다.

보통 대중영화에서는 외면 이야기를 키우는 경향이 있고, 예술영화에서는 내면 이야기의 비중을 높이는 편이다. 그래서 대중영화는 표면적이고 직관적이고 쾌락적이다. 예술영화는 이면적이고 추론적이고 사유적이다. 일반적으로 대중영화는 관객을 뜨겁게 하고, 예술영화는 관객을 차갑게 한다. 대중영화는 관객과의 거리를 좁히고, 예술영화는 관객과 일정한 거리를 둔다. 또한 외면 이야기의 비중이 높을수록 제작비는 올라가고, 내면 이야기의 비중이 높아지면 상대적으로 제작비가 낮아진다. 외면 이야기가 커진 경우를 플롯 중심 영화라고도 부르고, 내면 이야기가 커진 경우를 캐릭터 중심 영화라고도 한다. 그래서 관객 호응을 빠르게 불러일으켜야 하는 상업영화에서는 외면 이야기를 메인 플롯으로 두고, 내면 이야기를 서브플롯으로 표현하는 것이 스토리 구성의 대중적인 형식이 되었다.

지난 20세기 할리우드는 외면 이야기 중심의 스토리텔링을 핵심 전략으로 삼아 오락적인 액션영화를 양산하여 전 세계 영화 시장을 지배했다. 이는 여전히 대중영화의 글로벌 흥행 공식처럼 받아들여지고 있다. 이 같은 성공에 한국영화 중에서도 이런 공식을 그대로 따르는 영화들이 많아졌지만, 그렇게 한다고 상업적인 성공이 반드시 보장되는 것은 아니다. 그건 할리우드가 겨냥하는 시장과 한국영화가 목표로 하는 시장의 차이에서 기인한다.

할리우드 영화는 전 세계의 관객을 대상으로 기획되지만, 한국영화는 주로 국내 관객을 위해 제작된다. 일반적인 할리우드 영화는 어느 나라, 어떤 문화권에서든 쉽게 이해되고 확산되도록 하는 사업 목적에 따라 그에 맞춘 스토리 전략을 필요로 한다. 전술한 바와 같이 외면 이야기 중심의 영화는 국적, 언어, 문화, 종교 등에 상관없이 관객에게 직관적으로 전달되고 집단적으로 공통의 느낌을 주기 유리하기 때문에 조금 더 쉽게 시장을 넘나들 수 있다. 반면 내면 이야기가 늘어나면 관객의 사유는 깊어지고 쾌락적 재미가 줄어들 뿐만 아니라 각 문화권별로 영화에 대한 관객의 만족도 편차가 커져 보편적인 시장 확산이 쉽지 않다.

또한 국내 관객들이 외국영화와 한국영화를 대하는 태도가 조금 다르다. 외국영화는 남의 이야기로 여기고, 한국영화는 우리의 이야기로 느끼는 편이다. 그래서 보통 외국영화는 판타지처럼 느껴지고 한국영화는 현실로 다가오기 때문에 한국의 일반적인 관객들은 한국영화를 평가하는 데에 있어서 훨씬 까다로운 기준을 가진다. 단순 오락적인 재미 그 이상을 기대한다. 그래서 할리우드 영화에 비해 제작비가 턱없이 낮은 한국영화가 국내 시장에서 흥행에 성공하기 위해서는 할리우드의 글로벌 흥행 공식을 그대로 따르기보다는 상대적으로 내면 이야기 비중을 늘리는 데에 관심을 가질 필요가 있다. 물론 국내 시장에서도 외면 이야기 중심의 고예산 한국 액션영화가 관객 호응을 끌어낼 수는 있겠지만, 천만영화처럼 온 국민을 감동시키는 폭발적인 흥행에는 한계가 있을 수 있기 때문이다.

〈광해, 왕이 된 남자〉는 조선 시대 광해군 시절, 임금 광해(이병헌)와 생김새가 똑같은 광대 하선(이병헌)이 암살 위협을 받고 있는 왕의 역할을 대신한다는 이야기를 근간에 두고 있다. 만약 일반적인 흥행 공식에 따라 주인공이 임금의 반대파 일당과 맞서 싸우는 이야기를 중점적으로 다뤘다면, 외면 이야기 중심의 액션 사극에 가까워졌을 것이다. 그런데 이 영화에는 마지막의 칼싸움 장면을 제외하고 액션 장면이 아예 없다. 싸움이라고 해봐야 고작 말싸움이 전부다. 마지막에 도부장의 칼싸움도 액션 스펙터클을 선보이기 위한 장면이라기보다 캐릭터를 보여주기 위한 장면이다. 사극에서 액션도 없이 도대체 어떤 영화를 만들려고 했는지 더 들여다보자.

광해군은 일반 대중에게 부정적인 이미지가 강한 임금이다. 재위 당시에 시행했던 의미 있는 정책들이 폭군 이미지에 가려져 잘 부각되지 않는 것도 사실이다. 바로 이 지점에서 영화 〈광해, 왕이 된 남자〉의 상상력이 시작된다. 광해는 그저 폭군인 줄 알았는데 잘한 일도 있다고? 진짜 광해가 주도한 일이 맞나 싶다. 혹시 자세히 기록되지 않은 뭔가가 숨겨져 있는 건 아닐까? 이런 의문에 결정적인 실마리가 된 건 바로 《조선왕조실록》의 기록 한 줄이다. "숨겨야 될 일들은 조보에 내지 말라.(《광해군일기 중초본》, 광해 8년 2월 28일)"

역사를 통해 과거에 있었던 일을 모두 알 수는 없다. 우리가 알 수 있는 역사는 기록으로 전해 내려온 내용뿐이고, 기록되지 않은 부분을 채우는 것은 영화적 상상력의 몫이다. 이 영화는 광해군 8년 무렵, 조선 시대 국정 전반에 관한 일을 매일매일 기록하는 《승정원일기》에 무려 보름간의 공백이 있었다는 가정 하에 상상의 나래를 펼친다. 최소한의 역사적 기록을 토대로 상상을 키워 〈광해, 왕이 된 남자〉는 정통 사극보다 팩션 사극으로 가닥을 잡는다. 그래서 외면 이야기인 광해의 반대파(이조판서 박충서 일당)와의 대결을 영화 전체에 긴장감을 조성하는 배경으로만 두고, 내면 이야기의 비중을 키우는 전략을 내세운다. 내면 이야기에 영화적 상상력을 집중시킨다. 임금 광해의 내면세계와 인간적인 면모에 집중하기로 한 것이다. 이를 위해 진짜 광해를 주인공으로 세우는 것보다는 가짜 광해가 보름 동안 임금의 대역을 한다면 어떨까 하는 공상에 이른다. 생각이 자유로워지고 창의성이 춤을 춘다.

이때부터 이야기에 본격적인 시동이 걸리고 재밌는 아이디어들이 쏟아진다. 진짜 광해와 생김새가 똑같은 가짜 광해를 주인공으로 세우면서 광대 하선의 캐릭터가 만들어진다. 결국 최하층 천민 신분의 광대가 최상층 신분인 임금의 역할을 하게 되는 아이러니가 영화의 동력이 된다. 이제 〈광해, 왕이 된 남자〉의 내면 이야기는 어떻게 구성되었는지 조금 더 들어가 보자.

결론부터 먼저 이야기하면 〈광해, 왕이 된 남자〉는 광대 하선이 얼떨결에 왕이 되어 어떻게 궁내 생활에 적응하고 임금의 역할을 수행하는지에 집중한다. 그 과정에서 주인공 하선의 캐릭터가 드러나는데, 그가 자연스럽게 자신의 됨됨이대로 행동하고 결정한 것이 역설적이게도 선정善政이 되면서 멋진 군주의 모습으로 나타난다. 희대의 폭군이라 불렸던 광해군의 개혁적인 정책들과 우리가 바라던 이상적인 군주의 모습을 중첩시킨 것이다. 이게 바로 이 영화의 내면 이야기이자 주제다. 우리 모두가 열망하는 군주의 리더십을 평범한 가짜인 하선을 통해 보게 되는 아이러니가 관객의 공감과 감동을 끌어낸다. 마치 마법 같은 이야기다.

그런데 구체적인 표현으로 들어가면 조금 문제가 있다. 영화라는 매체의 한계는 등장인물의 마음속을 직접적으로 보여줄 수 없다는 것이다. 영화에서 인물의 내면세계와 캐릭터가 중심인 내면 이야기를 직접적으로 표현하는 것이 쉽지 않다. 그렇다고 외부의 내레이션으로 계속 설명해 줄 수도 없는 노릇이다. 이는 카메라가 인물의 심상心想을 직접 찍을 수 없기 때문인데, 간접적으로 보여주는 방법이 필요하다는 뜻이다.

그래서 내면 이야기에 방점이 찍힌 〈광해, 왕이 된 남자〉는 주인공 하선의 주변에 다양한 인물들을 배치하는 것으로 승부수를 띄운다. 도승지(류승룡), 기미나인 사월(심은경), 조내관(장광), 도부장(김인권), 중전(한효주) 등을 등장시키고 각각에게 중요한 역할을 부여한다. 주동인물 하선과 반동인물 박충서(김명곤)와의 대결로 외면 이야기를 상대적으로 단순하게 묘사한 것에 비하면 주인공이 측근의 여러 인물들과 관계를 맺도록 하면서 내면 이야기를 풍성하게 만든다.

먼저 도승지 허균은 처음 하선을 발탁하고 궁으로 들여

적응시킨다. 점차 진짜 임금으로 성장할 수 있도록 멘토 역할을 한다. 도승지는 하선의 잠재력을 끌어내어 전체 이야기의 중심을 잡는 동시에 일종의 버디 무비처럼 함께 국정을 잘 헤쳐나가면서 깊은 우정을 쌓는다. 상선 조내관은 하선을 지근거리에서 보좌한다. 진심으로 하선을 걱정하며 합리적인 조언자의 역할을 충실히 수행한다. 하선에게 마치 도승지는 아버지 같고 조내관은 어머니 같다.

기미나인 사월은 하선에게 동생처럼 자신의 처지를 허심탄회하게 털어놓는다. 하선은 늘 사월의 말을 경청하고 처지를 공감한다. 사월을 통해 서민들의 애환이 하선에게 전달되는데, 이는 대동법을 시행하도록 하는 결정적인 계기가 된다.

호위무사 도부장은 원칙주의자로서 군신 관계에서 신뢰가 가장 중요하다는 것을 일깨워 주는 역할을 담당한다. 특히 사월과 도부장을 통해서 언제나 사람을 먼저 생각하고 백성을 어여삐 여기는 하선의 성품이 잘 드러난다. 그리고 이 두 인물은 각자 결정적인 위기에서 목숨을 바쳐 하선을 지킨다. 이때 반사적으로 하선의 리더십이 관객들에게 크게 부각된다. 영화의 엔딩 시퀀스에서 "그대에게는 가짜일지 모르나 나에게는 진짜다"라는 도부장의 대사는 하선의 리더십과 인간성에 방점을 찍는다.

중전은 하선이 궁내에서 개인적으로 욕망을 가지도록 하는 존재다. 역모에 휘말린 중전의 오라버니 유정호(김학준)를 방면하고 중전을 웃게 해주겠다는 약속을 끝까지 지켜내면서 심성도 따뜻한 하선의 캐릭터가 완성된다.

이렇게 주인공과 다섯 명의 주변인물 사이의 이야기는 영화에서 개별 서브플롯으로 기능하는데, 이것이 반대파에 맞서 왕권을 지키는 메인플롯과 어우러지면서 동시에 감동적인 내면 이야기를 만들어낸다. 마치 천만영화 〈변호인〉에서 주인공 송우석(송강호) 주변에 아내(이항나), 국밥집 주인(김영애), 국밥집 아들 진우(임시완), 변호사 사무실 사무장(오달수), 기자 친구(이성민), 선배 변호사(정원중), 재판 공동변호인(차광수), 해동건설 후계자(류수영) 등 다양한 인물들이 배치되어 주인공의 변화 과정을 감동적으로 보여준 것처럼 말이다.

〈광해, 왕이 된 남자〉의 주인공 하선은 자신과 전혀 어울리지 않는 옷을 입고 낯선 환경에 처한 불안정한 상황에서도 자신이 어떤 사람인지를 점진적으로 드러낸다. 또한 그의 인성에 따른 결정들은 진정성을 갖춘 선정이 되고 자연스럽게 훌륭한 리더십의 본질을 그려내는 것이 이야기의 핵심이 된다. 서브플롯의 총합이 내면 이야기를 이루면서 오히려 전체 이야기의 중심이 되고, 여기에 주제가 실린다.

주인공 하선은 내면 이야기를 효과적으로 드러나게 하는 주변인물들에 의해 빛나는 캐릭터로 우뚝 선다. 관객들은 가짜 임금 하선을 통해 백성을 먼저 생각하는 이상적인 리더십을 읽어낸다. 이것이 바로 〈광해, 왕이 된 남자〉가 큰 액션이나 볼거리 없이 이야기만으로 관객의 공감과 감동을 폭넓게 확산시킨 비결이다.

신분위장 캐릭터

영화의 출발점이 된 대학생 인턴의 기획 원안에는 '조선시대판 왕자와 거지'라는 콘셉트가 적혀 있었다. 같은 날 태어난 왕자와 거지가 우연히 서로 옷을 바꿔 입고 뒤바뀐 삶을 살게 되는 내용의 소설 《왕자와 거지》는 미국 작가 마크 트웨인Mark Twain의 1881년 작품인데, 그동안 영화뿐만 아니라 다양한 매체에서 꾸준히 각색되고 리메이크되면서 지금까지도 널리 사랑받는 원형적인 이야기를 담고 있다. 여기서 비롯한 인물의 입장과 처지가 바뀐 채로 살아간다는 설정은 서사에 종종 사용되는 소재의 핵심적 성격이자 아이디어다.

앞서 〈도둑들〉을 이야기하며 서사에서 반복적으로 나타

나는 이야기 구성요소를 모티프라 설명했는데, 이러한 설정이나 아이디어 역시 모티프의 일종이다. 모티프는 원래 사전적 의미로 '예술작품에서 창작의 동기가 되는 중심 제재나 생각'을 말한다. 작가의 창작 동기를 발현시킨 생각이나 소재인 만큼 다양한 작품에서 반복적으로 등장하여 인물의 감정, 상황, 또는 액션을 유발한다. 이런 모티프는 이야기 구성의 필요에 따라 〈도둑들〉의 '태양의 눈물'처럼 물건(소품)이나 상징물을 통해 표현되는 경우가 있고, 〈광해, 왕이 된 남자〉의 '광대의 임금 대역(신분위장)'처럼 이야기 소재나 설정의 아이디어가 활용되는 경우도 있다.

드라마에서 자주 사용하는 등장인물의 출생의 비밀이나 기억상실증 등도 모티프의 일종이다. 〈타이타닉〉의 감독 제임스 카메론은 침몰하는 타이타닉호에 로미오와 줄리엣이 타고 있었다면 어땠을까 하는 상상으로 시나리오 작업을 시작했다고 밝히기도 했다.4 로미오와 줄리엣이 상징하는 러브 스토리 모티프를 응용해 타이타닉호에 잭(레오나르도 디카프리오)과 로즈를 탑승시킴으로써 목숨을 건 절절한 사랑 이야기가 탄생한 것이다. 이처럼 스토리 창작을 완전 무無에서 유有를 창조하는 '맨땅에 헤딩하기'로 이해하기보다 전해 내려오는 이야기 요소 중에서 창작에 영감을 주는 모티프를 차용해 자신의 이야기에 적절히 응용한다면, 창작 과정의 효율성을 크게 높일 수 있고 관객 친화적 스토리텔링에 유리한 고지를 점령할 수 있다.

전해 내려오는 수많은 모티프 중에서도 소설《왕자와 거지》처럼 신분이나 처지가 뒤바뀌는 설정의 아이디어를 '신분위장 모티프'라고 부른다. 신분위장 모티프는 관객들이 무척 사랑하고 창작자들이 애용하는 모티프인데, 이는 주요 등장인물에 직접 적용되어 캐릭터의 입체성을 강화하고 이중적 입장에 놓인 인물이 세상을 헤쳐나가는 아이러니 효과를 극대화할 수 있는 서사적 매력이 크기 때문이다.

신분위장 모티프를 활용한 대표적인 작품으로 홍콩영화 〈무간도〉가 꼽힌다. 경찰 속 스파이가 된 폭력 조직원 유건명(유덕화), 폭력 조직 내부 스파이가 된 경찰 진영인(양조위), 서로 신분을 속인 상태로 인생이 뒤바뀌어 버린 두 남자의 피할 수 없는 만남을 그린 작품이다. 〈무간도2-혼돈의 시대〉와 〈무간도3-종극무간〉으로 이어져 3부작으로 완성되었다.

이후 이 영화는 마틴 스코세이지 감독에 의해 할리우드에서 〈디파티드〉라는 제목으로 리메이크되었다. 〈디파티드〉는 이야기 배경을 미국의 보스턴으로 옮기고 갱이 된 경찰 빌리(레오나르도 디카프리오)와 경찰이 된 갱 콜린(맷 데이먼), 엇갈린 운명의 길을 걷는 두 남자의 대결로 각색해 제79회

미국 아카데미 작품상, 감독상, 각색상, 편집상을 수상하는 쾌거를 이루었다.

한국영화로는 신입 경찰 이자성(이정재)이 국내 최대 범죄 조직 골드문에 위장 잠입하는 박훈정 감독의 〈신세계〉가 〈무간도〉의 영향권에 있다. 이와 같이 〈무간도〉는 신분위장 모티프를 활용한 대표적인 현대영화로 자리매김함과 동시에 '왕자와 거지' 모티프의 변형인 '언더커버 모티프'를 널리 알린 사례가 되었다.

천만영화 중에는 전직 해병대원 제이크 설리(샘 워싱턴)가 나비족으로 가장해 판도라 행성에 잠입하는 〈아바타〉, 마약반 형사들이 치킨집을 운영하며 잠복 수사를 하는 〈극한직업〉, 온 가족이 정체를 숨긴 채 부잣집에서 생활하는 〈기생충〉 등에서 신분위장 모티프가 활용되었다. 그 밖에 성형 전의 한나(김아중)가 성형 후 다른 인물 제니로 살면서 정체성의 혼란을 겪는 〈미녀는 괴로워〉, 70대 할머니가 갑자기 20대의 몸으로 살게 되는 〈수상한 그녀〉, 냉혹한 킬러 형욱(유해진)과 무명 배우 재성(이준)의 인생이 서로 바뀌는 〈럭키〉 등 다양한 장르에서 응용되고 변주되고 있다.

영화뿐만 아니라 웹소설과 웹툰에서는 신분위장 모티프를 활용한 이야기가 '회빙환'이라는 별칭과 함께 아예 주력 장르로 자리 잡고 있다. 회빙환은 특정 인물의 신분을 위장하는 방법으로서 회귀, 빙의, 환생을 뜻한다. 웹소설에서 시작해 웹툰에 이어 드라마로 만들어져 JTBC에서 방영한 송중기 주연의 16부작 시리즈 〈재벌집 막내아들〉은 회빙환 장르를 일반 대중에게 널리 알린 작품이다.

이처럼 신분위장 모티프가 관객들에게 사랑받는 이유는 누구나 한 번쯤 생각해 봤을, 현재와 다른 인생을 살아보고 싶다는 우리의 보편적인 욕망을 투영한 이야기 요소이기 때문일 것이다. 이제 신분위장 모티프가 〈광해, 왕이 된 남자〉에서는 어떻게 활용되고 서사적으로 어떤 효과를 만들었는지 구체적으로 살펴보자.

영화의 이야기는 광대 하선이 임금 광해의 역할을 대신하는 상황에서 본격 전개되는데, 이때 주인공 하선은 원래 평범한 광대에서 한 나라의 임금으로 신분이 수직 상승한다. 이 두 가지 상반된 처지를 하나의 캐릭터에 부여함으로써 단순했던 주인공의 캐릭터는 입체적으로 바뀐다.

또한 주인공의 신분이 위장되었다는 이야기 정보를 관객은 알고 있지만 주변 등장인물들이 모르는 상태에서 이야기를 진행함으로써 관객의 애간장을 태우는 효과가 더해진다. 이런 모순적인 화법을 '극적 아이러니dramatic irony'라고 한다. 극적 아이러니는 관객이 캐릭터보다 더 많은 정보를 알고 있는 상황을 말하는데, 이 경우에 사건이 발생하기 전부터 모든 것을 알고 있는 전지적 우월함이 관객에게 부여된다. 이 때문에 관객은 주인공의 안전을 염려하고 불안해하는 것을 넘어 두려움을 갖게 되고 주인공에 대한 연민을 품게 된다.5

〈광해, 왕이 된 남자〉에서는 이러한 극적 아이러니를 한 번 더 꼬았다. 하선이 가짜 임금이라는 사실을 도승지와 조 내관 두 사람이 먼저 알게 하고, 나머지 등장인물들은 모르는 상태에서 이야기를 진행시킨다. 이런 모든 정황을 관객들이 미리 다 알게 하는 전지적 시점에서 영화를 지켜보게 함으로써 극적 아이러니 효과를 극대화한다. 광대 하선이 왕의 역할을 대신하는 도중에 '혹시 들키는 건 아닐까' 하는 걱정과 '만약 들키면 어떡하지' 하는 두려움을 동시에 갖게 만든다.

이는 관객들이 하선에게 연민의 감정을 느끼면서 깊이 감정이입하게 되고 이야기에 정서적으로 참여하도록 만들어 주는 효과가 있다. 보통 극적 아이러니 화법은 스토리 진행 중에 부분적으로 쓰이는 경우가 많은데, 〈광해, 왕이 된 남자〉는 이야기 전체에 걸쳐 극적 아이러니가 설정되어 있어 관객이 시종일관 하선의 가짜 임금 노릇을 아슬아슬하게 지켜보도록 설계되었다. 발단부터 영화가 거의 끝날 때까지 극적 긴장감이 유지되어 관객이 영화를 보는 내내 스토리에 몰입할 수 있도록 도와준다.

게다가 신분위장 캐릭터인 주인공 하선은 이전과 다른 인생을 살게 되고 새로운 인간관계와 예상치 못한 사건에 맞닥뜨린다. 위장된 신분을 밝힐 수 없는 주인공의 고뇌와 갈등은 깊어질 수밖에 없다. 따라서 신분위장 모티프는 단순히 위장된 캐릭터를 보여주는 것에 그치지 않고, 뒤바뀐 삶을 통해 주인공의 내면적 갈등을 부각하고 내면세계를 확장시키면서 관객의 이목이 집중되도록 주인공 캐릭터의 입체성을 강화한다. 결국 신분위장 캐릭터는 주인공의 내면이야기가 주변인물과의 관계를 통해 풍성하게 전달될 수있는 밑바탕이 된다.

영웅의 여정, 4단계 플롯 패턴

내면 이야기에 방점이 찍히고 캐릭터에 비중을 두는 영화라고 해서 플롯의 중요성을 간과해서는 곤란하다. 캐릭터를 대개 영화 초반에 소개하는 인물의 묘사characterization로 이해하는 경향이 있는데, 사실 영화 전체에 걸친 인물의 행적이 진짜 캐릭터다. 영화가 끝날 때 비로소 캐릭터가 완성된다는 뜻이다. 그래서 플롯은 사건의 전개 과정을 전달하는 방법일 뿐만 아니라 캐릭터를 드러내는 수단이기도 하다. 특히 영화에서 메인플롯은 주인공의 행적을 보여주고 주인공이 어떤 사람인지 캐릭터를 드러내는 방법이기도 하다.

주인공은 예전부터 영미권에서 영웅hero이라 불려왔다. 할리우드의 대표적인 스토리 컨설턴트인 크리스토퍼 보글러Christopher Vogler는 "영웅이란 말은 '보호하고 봉사하다'라는 의미의 그리스어에서 왔다. 영웅이란 개념의 정점에 자기희생이 자리 잡고 있고, 우리는 자기 자신과 영웅을 동일시한다. 영웅은 우리가 충분히 이해할 수 있는 보편적인 욕망에 따라 움직인다"[6]라고 말했다. 스토리 세상에서는 주인공이 나름대로 영웅인 것이다. 그러나 이러한 영웅(주인공)의 모습은 시대와 사회의 변화에 따라 진화하고 다양해지고 있다. 현재는 저마다의 스토리에 맞게 다양한 영웅들이 주인공 역할을 맡고 있는데 영화 주인공으로서의 영웅을 크게 세 가지 유형, 즉 대영웅, 반영웅, 신영웅으로 나눌 수 있다.

먼저 대영웅은 초인적인 능력을 보유하고 높은 도덕적 가치와 책임감을 지니며 언제나 불의에 맞서는 정의의 상징이다. 고전적이고 전통적인 영웅을 말한다. 할리우드 영화의 슈퍼히어로와 액션영화의 주인공 대다수가 이에 해당한다. 대표적으로 〈슈퍼맨〉에서 위기에 빠진 지구를 구하는 클락 켄트(크리스토퍼 리브)를 꼽을 수 있고, 최근 한국영화에서는 〈범죄도시〉의 형사 마석도(마동석)가 있다.

반영웅은 대영웅과 상반된 기질을 가진 캐릭터다. 때론 사회의 규범과 가치를 무시하고 종종 위법적이고 폭력적인 행동을 하는 삐딱한 주인공을 말하는데, 공적 정의가 무너진 세상에 사적 응징으로 대항한다. 〈더티 해리〉의 형사 해리 캘러핸(클린트 이스트우드), 〈대부〉의 마이클 코를레오네(알 파치노), 〈데드풀〉의 웨이드 윌슨(라이언 레이놀즈), 〈조커〉의 아서 플렉(호아킨 피닉스) 등을 예로 들 수 있다.

마지막으로 신영웅은 외견상으로 전혀 영웅 같지 않은 유형이다. 오히려 평범한 소시민일 수도 있고, 사회적 약자나 소수자일 수도 있다. 이런 보통 사람들 중에 꼭 지구를 구하는 등의 대업을 이루는 것은 아닐지라도 생활 속에서 새로운 가치를 추구하고 변화를 이끌며 성장하는 모습으로 감동을 주는 이야기의 주인공이 바로 신영웅이다. 대표적으로 〈록키〉의 록키 발보아(실베스터 스탤론)가 이에 속한다. 천만영화 중에서는 〈변호인〉의 송우석과 〈택시운전사〉의 택시 기사 만섭(송강호)이 이 시대의 진정한 신영웅이다.

〈광해, 왕이 된 남자〉는 천한 백성이었던 하선이 왕의 역할을 진짜 임금보다 훨씬 더 훌륭하게 수행하고, 보름 동안 병상에 누워 있던 광해를 강력한 군주로 복귀시키는 신영웅의 행적을 그린다. 이렇게 주인공이 시련과 고난을 뚫고 궁극적으로 어떤 사람인지를 보여주는 것이 내면 이야기의 핵심이고, 그런 주인공의 행적을 '영웅의 여정'이라 말할 수 있다.

"모든 스토리는 신화, 민담, 꿈, 영화에서 보편적으로 찾아볼 수 있는 몇 가지 구조상의 공통 요소로 구성되어 있다. 우리는 그것을 영웅의 여행hero's journey이라 통칭한다. (…) 영웅의 여행을 모형으로 삼아 구축한 스토리는 인류가 공유하는 무의식에 내재된 보편적 연원에서 스며 나와 보편적인 문제를 표현하는 까닭에 모든 사람의 공감을 이끌어 내는 마력이 있다"7라고 보글러는 강조했다. 그런데 하선 같은 보통 사람의 위대한 모습을 감동적으로 전달하기 위해서는 이야기 전개 과정에 설득력 있는 플롯 패턴이 반드시 필요하다. 즉 관객을 영웅의 여정에 초대하고 점진적으로 차곡차곡 안내해야 한다는 뜻이다. 결국 영웅의 여정은 전체 이야기의 플롯 패턴이자 주인공 캐릭터를 보여주는 보편적인 방법인 것이다.

보글러가 주창하는 영웅의 여정은 12단계로 세분화되어 있다. 그러나 작가들이 이를 보다 쉽고 직관적으로 적용할 수 있도록 4단계로 축약해 보면, 1단계는 상황, 2단계는 적응, 3단계는 공격, 4단계는 결말의 패턴으로 정리할 수 있다. 4단계로 정리한 영웅의 여정은 전통적인 기승전결起承

轉結 구조와 흡사한 이야기 전개 방법으로 서사의 보편성을 담보하는 이야기 패러다임이 된다. 작가는 이야기 전체의 맥을 잡고 플롯의 흐름을 자연스럽게 만들어주는 창작 도구로서 '4단계 플롯 패턴'을 능수능란하게 활용할 줄 알아야 한다. 일상세계에서 모험세계로 떠나는 이야기 속 주인공의 여정 4단계를 쉽게 풀어보면 다음과 같이 정리할 수 있다.

• 1단계 : 상황(도전)

여정을 제안받고 정신적 스승mentor과 일상세계를 떠난다.

• 2단계 : 적응(훈련)

새로운 환경에 적응하고 모험세계에 대비하는 훈련을 받는다.

• 3단계 : 공격(실전)

본격적으로 모험세계에 뛰어들어 온갖 고난을 겪으며 적과 싸운다.

• 4단계 : 결말(영웅)

결국 모험세계의 막강한 적을 물리치고 영광스럽게 귀환한다.

광대 하선이 기생집에서 왕의 흉내를 내는 공연 도중에 도승지에 의해 발탁되어 암살 위협을 받고 있는 광해의 역할을 대신하기 위해 궁으로 들어가(1단계), 궁내 생활에 적응하고 임금의 업무를 수행하기 위한 훈련을 받고(2단계),

진짜 임금처럼 정치를 하게 되면서 반대 세력인 박충서 일당과 맞서 싸워(3단계), 통쾌하게 승리하고 원래 자신의 위치로 돌아간다(4단계)는 〈광해, 왕이 된 남자〉의 플롯 패턴은 4단계 영웅의 여정을 충실하게 따르고 있다.

다만 가짜가 왕의 역할을 대신한 상황이라 하선 자신이 직접 영웅이 되는 무리한 서사를 피한다. 하선이 보여준 강직하고 늘 백성을 먼저 생각하는 임금의 행적을 진짜 광해가 그대로 이어받도록 하여, 실추된 왕권을 회복시키고 자신은 아무 일도 없었다는 듯이 홀로 궁을 떠난다는 결말은 전체 이야기의 리얼리티를 강화하는 선택이다. 가짜로 시작한 주인공의 여정을 통해 아이러니하게도 무엇이 진짜인지를 단계적으로 보여주는 플롯 패턴은 서사의 진정성을 담보해 줄 뿐만 아니라 그 여정에 동참한 관객의 마음을 크게 요동치게 만든다.

오비완 케노비(알렉 기네스)를 만나 영웅으로 거듭나는 고아 루크 스카이워커(마크 해밀)의 성장기를 다룬 〈스타워즈: 새로운 희망〉, 모피어스(로렌스 피시번)와 함께 현실에 안주하지 않고 세상을 구원하러 나서는 회사원 네오(키아누 리브스)의 모험담을 그린 〈매트릭스〉, 베테랑 요원 해리(콜린 퍼스)에게 발탁된 건달 청년 에그시(태런 에저튼)가 킹스맨으로 거듭나는 여정을 담은 〈킹스맨: 시크릿 에이전트〉를 비롯한 많은 히어로영화에서도 〈광해, 왕이 된 남자〉와 유사한 단계적 이야기 흐름을 발견할 수 있다. 이는 영웅의 여정 4단계가 보편성 있는 플롯 패턴이라는 방증이다. 이처럼 영웅의 여정은 원형적인 이야기 패턴으로서, "현실의 구체성으로부터 보편적인 인간 경험을 들어 올린 후 그 내부를 개성적이고 독특한 문화적 특성을 담고 있는 표현으로 감싸는"8 특징이 있다. 더욱이 영웅의 여정은 주인공이 궁극적으로 어떤 영웅인지, 진짜 어떤 인물인지를 영화 전체에 걸쳐 효과적으로 보여주는 방식으로서의 의미가 크다.

결국 〈광해, 왕이 된 남자〉는 주인공 하선의 됨됨이 자체로 성군의 모습을 은유하는 내면 이야기를 통해 소시민적 영웅의 모습과 사람을 먼저 생각하는 이상적인 리더십을 그려내어, 이를 갈망하는 관객들의 염원을 보편적이고 설득력 있는 4단계 플롯 패턴에 성공적으로 담아낸 것이다. 관객의 입장에서 공감의 깊이와 감동의 크기가 배가될 수밖에 없는 이유가 바로 여기에 있다.

소설부터 영화까지 오랜 서사 전통에서 전해 내려오는 "말하지 말고 보여줘라Show, Don't Tell"라는 격언이 있다. 〈광해, 왕이 된 남자〉는 이 격언을 충실하게 실천한 영화다. 비하인드 스토리를 하나 풀자면 영화 막바지에 기미나인 사월이 하선을 대신해서 독을 삼켜 죽어가고 하선의 분노가

하늘을 찌를 때, 조내관이 하선에게 건네는 대사가 있었다. "사람을 불쌍히 여기면 임금이 못 되지요, 그게 사월이든 누구든… 임금의 자리는 그런 것이옵니다." 주제를 드러내는 가장 핵심적인 대사. 그런데 영화 전체를 함축하는 이 아이러니한 대사는 본래 시나리오에 있었지만 최종 영화에선 빠져 있다. 고심 끝에 편집, 삭제되었다.

작가는 종종 스토리 전개 과정에서 캐릭터를 묘사하거나 사건의 인과관계를 관객들에게 이해시키기 위해 스토리 정보를 구체적으로 설명해 주고 싶은 충동을 느낄 때가 있다. 관객들이 등장인물과 사건의 맥락을 잘 이해하지 못한다면 스토리텔링의 효과가 떨어질 수 있기 때문이다. 또한 작가에게는 자신의 목소리, 즉 주제를 강조하고 싶은 욕망이 있다. 그래서 작가가 등장인물의 대사를 통해 스토리 정보나 주제를 직접 설명하는 경우도 있다. 이게 바로 스토리텔링에서 '말하기tell'다. 말하기는 작가의 결론과 해석을 관객에게 직접적으로 전달하는 것이어서 관객 스스로가 생각할 수 있는 기회를 빼앗는다. 그렇게 되면 관객은 작가의 의도를 수동적으로 받아들이게 되고, 스토리 속에 정서적으로 참여하거나 몰입하는 데에 방해를 받을 수 있다.

반면에 '보여주기show'는 스토리 진행의 세부 상황을 생생하게 묘사(재현)하고 등장인물의 행동을 보여줌으로써 작가의 생각을 간접적으로 전달하는 방법을 말한다. 보여주기에서 작가는 그저 보여만 줄 뿐, 관객 스스로가 결론을 도출하도록 유도하는 것이다. 이때 관객은 스토리에 능동적으로 참여할 수 있다.

앞서 언급한 조내관의, 사람을 어여삐 여기면 임금이 못 된다는 주제를 콕 집어 알려주는 대사는 멋진 표현이지만 영화의 메시지를 직접적으로 설파하는 느낌이다. 이런 말하기는 자칫 보여주기 효과를 반감시킬 수도 있다. 더군다나 조내관의 핵심 대사 이전과 이후에도 주인공 하선의 행적이 영웅의 여정 4단계 플롯 패턴을 따라 극화되어 주제를 충분히 전달하고 있는데 굳이 설명적인 대사로 부언할 필요가 없었을 것이다. 〈광해, 왕이 된 남자〉는 백성을 사랑하면 임금이 될 수 없다는 현실과 이상의 간극을 굳이 말로 하지 않고 '인생이란 바로 이런 것'이라고 은유하여 보여줌으로써 관객의 공감과 감동을 끌어낸다.

"'말하지 말고 보여줘라'라는 말은 관객의 지성과 감성을 존중하라는 뜻이다. 관객이 가진 최선의 능력을 끌어내어 영화 보는 의식에 동참하도록 초대하라. 보고 생각하고 느끼면서 관객이 나름의 결론을 이끌어 내도록 해야 한다. 관객을 아이 취급하면서 작가의 무릎에 앉혀 인생을 설명하려 들지 말아라"[9]라고 맥키가 경고한 바 있다. 따라서 작가는 가급적 말하고 설명하기summarize보다는 최대한 보여주고 극화해야dramatize 한다는 걸 명심해야 한다. 그게 작가로부터 시작해 관객에게서 완성되는 스토리텔링의 동작 원리에 접근하는 비책이다.

결국 〈광해, 왕이 된 남자〉는 캐릭터 측면에서 주인공에게 신분위장 모티프를 적용했고 플롯 측면에서는 영웅의 여정 4단계 플롯 패턴을 활용하여 스토리텔링의 기본 뼈대를 만들었다. 그리고 그 안에서 주변인물과 한바탕 노는 광대 하선의 왕 노릇을 보여준 것이다. 그 결과 하선의 내면세계가 열리며 영화의 주제가 주인공과 함께 관객들의 마음속에 깊게 자리 잡는다. 그냥 하선이 어떤 사람인지, 캐릭터를 보여줬을 뿐인데 말이다.

그 핵심에 주인공과 주변인물들이 만들어낸 내면 이야기가 있다. 주인공을 중심으로 돌고 있는 주변인물의 총합이 결국 주인공의 캐릭터인 것이다. 마치 하선의 모습이 무지개처럼 일곱 빛깔로 분광하여 주변인물 즉 도승지, 광해, 이조판서, 상선, 사월, 도부장, 중전에 투영되어 그려진 것처럼 말이다. 이와 같이 주변인물을 통해 주인공의 모습과 행적이 반영되어 보일 때 주인공의 캐릭터는 빛나고 이야기의 설득력은 커진다. 이것이 내면 이야기를 말하지 않고 보여주는 가장 효과적인 방법이다.

모든 배역은 중심의 별, 즉 주인공을 중심으로 궤도를 그리며 돈다. 조역들은 중심인물에게서 영감을 받아 만들어지고, 그의 입체적인 복잡성을 서술해 주도록 설계된다.

– 로버트 맥키

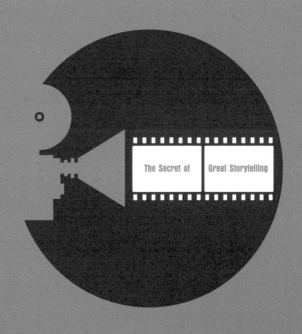

The Secret of Great Storytelling

사건에 대한 묘사와 재현을 넘어

작가의 생각과 의견이 중요하다.

생각과 의견을 설득력 있게 쓰는 것이

진실에 다가가는 일이고

서사적 진실에 신빙성을 부여하는 것이

스토리텔링의 본질이다.

관객은 영화를 통해 서사적 진실을 믿게 되고,

사람들의 공감과 감동은 널리 퍼진다.

시퀀스❸ 서사적 진실

신쩨 같은
거짓말으로
믿게 만들어라

명량 ———————————————————

관객 1761만 명

개봉 2014.7.30 **등급** 15세 관람가 **장르** 사극, 액션 **러닝타임** 128분
감독 김한민 **출연** 최민식, 류승룡, 조진웅 등
줄거리 1597년 임진왜란 6년, 무서운 속도로 북상하는 왜군에 의해 조선이 국가존망의 위기에 처하자 누명을 쓰고 파면당했던 이순신이 삼도수군통제사로 재임명된다. 잔혹한 성격과 뛰어난 지략을 지닌 왜장 구루지마가 330척의 배를 이끌고 몰려오지만 이순신에게 주어진 건 칠천량해전에서 대패하고 남은 겨우 12척의 배와 전의를 상실한 병사들뿐이다. 왕인 선조는 얼마 남지 않은 수군을 해체하고 육군에 합류하라 지시하고 아들과 충신마저 출정을 만류하는 상황. 하지만 이순신은 결국 12척의 배를 이끌고 당장이라도 배를 집어삼킬 듯한 회오리 바다로 나서는데….

실제로 일어난 일들은 진실이 아니라 사실일 뿐이다. 진실이
란 무슨 일이 일어나는가에 대한 우리의 생각 그 자체다.

— 로버트 맥키

2014년은 말 그대로 다사다난했던 한 해였다. 개인적으
로도, 사회적으로도, 영화계에서도. 개인적으로는 오랜 회
사 생활을 마무리하던 중 학교에 와서 스토리텔링에 대해
강의해 보라는 제안을 받아 14학번 대학 교수가 되었다. 덕
분에 정말 오랜만에 희망찬 발걸음으로 캠퍼스를 다시 누
비면서 봄을 만끽하고 있었는데, 우리 사회를 큰 충격에 빠
뜨린 세월호 참사가 일어났다. 때마침 학교에서 젊은 학생
들의 열정적인 눈망울을 가까이에서 지켜보고 있었던 터라
곧 만날 수도 있었던 고등학생들의 희생이 더욱 가슴 아프
게 다가왔다.

영화계에서는 여름 성수기 시즌에 공개 예정이었던 김한

민 감독의 〈명량〉의 개봉 여부가 화제였다. 개인적으로 CJ 엔터테인먼트 재직 시절 마지막으로 관여했던 영화이고, 김한민 감독과는 과거 삼성영상사업단에서 함께 근무했던 인연이 있었기에 관심이 클 수밖에 없었다.

사회적 상황이 이러하니 투자배급사인 CJ엔터테인먼트는 깊은 고민에 빠졌다. 개봉을 연기해야 한다는 의견도 많았다. 공교롭게도 〈명량〉의 공간적 배경이 실제 세월호 참사가 발생한 장소 근처이고 바다를 배경으로 한 영화가 유가족과 국민들의 상처를 더욱 아프게 할 수 있다는 우려 때문이었다. 치열한 토론과 논쟁 끝에 이미 완성이 된 영화는 예정대로 개봉해야 한다는 결론에 이르렀다. 다만 영화 제목이 '명량: 회오리 바다'에서 부제를 뺀 〈명량〉으로 변경되었다.

정작 시장에 공개하고 보니 당초의 우려와는 달리 〈명량〉은 관객으로부터 폭발적인 호응을 받아 천만 명을 훌쩍 넘긴 1761만 명의 관객을 극장으로 불러 모았다. 역대 최고의 흥행 기록으로 지금까지도 깨지지 않는 역사가 되었다. 초대박영화의 탄생과 더불어 흥행 성공 요인을 두고 갑론을박이 있었다. 국민적인 영웅 이순신 장군의 극적인 전투를 다루어 크게 성공했다는 의견이 대다수였다. 일부 전문가들조차도 이순신 장군의 인기와 '국뽕'이 흥행 요인이라 말했다.

과연 그럴까? 영화에서 국민적인 영웅을 다루면 흥행에 성공하는가? 극적인 전투를 그린다고 대박이 보장되는가? 국뽕에 호소하면 언제나 많은 관객이 환호하나? 그렇게 쉬운 것이라면 우리는 흥행에 성공한 영화를 훨씬 더 많이 볼 수 있었을 것이다. 하지만 여전히 업계에서 흥행에 성공하는 확률(이익 기준)은 평균적으로 30퍼센트를 넘기기가 어렵다. 마치 야구에서 3할 정도를 치면 훌륭한 타자가 되는 것처럼 말이다.

그렇다면 도대체 무엇이 관객의 마음을 사로잡은 건지 궁금해졌다. 물론 이순신 장군, 명량대첩, 국뽕 등이 관객의 관심을 끄는 요인이라는 걸 전면 부인할 수는 없겠지만 그게 절대적인 이유가 될 수는 없다는 생각이 〈명량〉을 서사적으로 탐구하게 된 계기가 되었다.

진짜 같은 거짓말

세상에는 깜짝 놀랄 만한 일이 종종 벌어진다. 뉴스를 통해서도 쉽게 만날 수 있고, 역사를 봐도 믿기 어려운 사건들이 많다. 실제로 벌어진 일이라는 것을 도무지 납득하기 힘든 일들 말이다. 이런 놀랍고 충격적인 실화는 사람들의 마음을 쉽게 사로잡는다. SBS의 〈순간포착 세상에 이런 일이〉는 신기하고 놀라운 일상의 기인과 기행을 다루면서 1998년 첫 방송 이래 사반세기 넘게 시청자들의 사랑을 받아왔다. 이 처럼 믿기 어려운 실화는 방송 프로그램뿐만 아니라 영화인들도 꾸준히 주목하는 소재다. 특히 실화를 바탕으로 한 영화는 허구적 이야기fiction의 당면 과제인 개연성과 핍진성을 담보하기 때문에 매력적으로 다가온다.

〈명량〉 역시 실존인물과 역사적 사건을 재구성한 작품이다. 특히나 이순신 장군과 그의 전투 중에 가장 극적인 명량대첩을 소재로 한다는 점에서 매우 흥미로운 기획이다. 그러나 소재가 매력적이라고 해서 반드시 좋은 이야기가 되는 것은 아니다. 더군다나 관객과의 소통에서 늘 성공하는 스토리가 되는 것은 더욱 아니다.

13척의 배로 330척의 함대를 물리쳤다는 명량대첩은 역사적 기록이지만, 정말 그런 일이 가능했을까 하는 의문이 들 정도로 불가능해 보이는 사건이다. 사실이라 하더라도 쉽게 믿어지지가 않는 일이 있는 것처럼 사실성과 신빙성이 항상 일치하는 것은 아니다. 이에 아리스토텔레스는 이야기의 목적을 성취하는 데에는 '설득력 없는 가능성'보다는 차라리 '설득력 있는 불가능성'이 더욱 쓸모 있다[10]고 조언했다. 다시 말해 '진짜 같은 거짓말'이 '거짓말 같은 진짜'보다 이야기 친화적이고 관객을 설득할 수 있는 힘이 더 클 수 있다는 의미다. 스토리에서 다루는 내용의 사실 여부보다도 스토리텔링의 신빙성이 더 중요하다는 뜻이다. 허구적 이야기를 진실 같이 보이게 하여 관객이 납득하고 믿게 만드는 것이 스토리텔링의 실체다.

그런데 〈명량〉은 거짓말 같은 진짜인 실화를 바탕으로 제작되었다. 이순신 장군의 명량대첩은 그가 펼친 모든 전투 중에서도 가장 충격적이고 믿기 어려운 사건이다. 여기서 만약 소재의 충격성과 놀라움에 빠져 실화를 충실하게 재현하는 것에 그쳤다면, 그냥 볼거리가 풍성한 영화 그 이상이 되기는 어려웠을 수 있다. 그랬다면 지금과 같은 흥행 결과도 없었을 것이다. 하지만 〈명량〉은 거짓말 같은 실화에다가 진짜 같은 거짓말을 절묘하게 버무려 결과적으로 진짜 같은 허구적 스토리로 완성되었다. 기록으로는 알 수 없는 등장인물들의 마음속으로 들어가 승리를 가능하게 한 동력을 찾아낸 것이다.

유사한 예로 이준익 감독의 〈사도〉를 들 수 있다. 비록 어두운 역사를 바탕으로 제작되었지만, 625만 명의 관객을 동원해 흥행에 성공한 사례다. 조선 시대 임금 영조가 아들 사도세자를 뒤주에 가두어 학대하고 죽게 했다는 역사상 가장 비극적인 가족사는 분명 충격적이고 동시에 잘 믿어지지 않는다. 어떻게 아버지가 아들을 죽일 수 있다는 말인가? 그것도 임금인 아버지가 친아들인 세자를? 〈사도〉는 바로 이 질문에 설득력 있는 스토리텔링으로 답한다. 도저히 믿을 수 없었던 사건에 대해 관객이 그럴 수도 있었겠구나 하고 고개를 끄덕거리게 만든다.

영조는 재위 기간 내내 천민 출신이었던 숙빈최씨의 아들이라는 사실과 이복형이자 선대 임금이었던 경종을 독살했다는 의혹으로 끊임없이 정통성 논란에 시달린 것으로 알려져 있다. 영화 속에서 주인공 영조(송강호)는 늦둥이 아들 사도세자(유아인)를 완벽한 임금으로 만드는 데에 집착하고 적자 승계에 대한 열망을 끝까지 관철하고자 한다. 그 과정에서 아들을 세자로만 대했던 영조와 임금이 아닌 아버지의 따뜻한 손길과 다정한 말 한마디를 기대했던 사도세자는 서로 애증의 관계가 된다. 결국 임금의 광적인 집착과 열망이 세자를 죽게 만들고, 왕위는 임금의 친손자이자 세자의 친아들(소지섭)에게 물려주게 된다.

특히 여기에서 영조와 사도세자 부자는 상호 애증의 관계 속에서도 불가능해 보였던 합의점에 이르게 된다는 허구적 스토리가 유독 빛난다. 손자를 위해 아들을 죽게 할 수밖에 없었던 할아버지 영조와 자신의 아들을 위해 희생을 감수하는 아버지 사도세자의 이야기가 관객을 납득시키면서 스토리의 신빙성이 강화된 것이다. 〈사도〉의 주동인물인 영조가 정통성 있는 왕권 승계라는 미션을 성공적으로 완수함에 있어 사도세자의 희생을 감수할 수밖에 없었다는 비극적 아이러니가 공감과 감동을 배가한다.

이와 달리 〈마이웨이〉는 충격적인 소재로 출발했지만 관객 수 214만 명에 그쳐 흥행에는 아쉬운 결과를 낳은 사례로 꼽힌다. 〈마이웨이〉는 실제 사진 한 장에서부터 시작되었다. 제2차 세계대전 당시 노르망디 상륙작전에서 미군에게 포로로 잡힌 독일군 중에 있던 동양인 병사가 찍힌 사진이었다. 여러 자료를 종합해, 그가 한국인이었고 당시 일본군으로 강제징용되어 참전했는데 도중에 소련군이 되고 최종 독일군이 되었을 것이라는 가설을 바탕으로 만들어진 전쟁영화다. 한국인으로서 군복을 세 번이나 갈아입으면서 다른 나라의 전쟁에 참여했다는 설정 자체가 충격적이기도 하면서 믿기 어려운 이야기다.

영화의 주인공인 조선인 준식(장동건)은 제2의 손기정을 꿈꾸는 마라톤 선수다. 어느 날 갑자기 준식은 일본군에 징집되어 마라톤 라이벌이었던 일본인 장교 타츠오(오다기리 죠)와 함께 중국과 소련, 독일을 거쳐 노르망디에 이르는 다양한 전쟁에 휘말린다. 하지만 영화는 기구한 주인공의 인생 여정과 압도적인 규모의 전쟁을 재현하는 것에 충실한 나머지 관객의 공감을 끌어내는 설득력 있는 스토리텔링에는 이르지 못한다. 그저 일제강점기에 파란만장했던 한 조선인의 대장정을 보여주는 데에 그친 느낌이다. 특히 주인공 준식의 캐릭터가 어떤 극한 상황에서도 언제나 희생하고 양보하고 이해하고 원수마저도 사랑하는 성인군자처럼 다소 평면적으로 그려져 관객의 공감을 불러일으키기에 미흡하다. 거짓말 같은 실화에 진짜 같은 거짓말을 그럴듯하게 입히지 못한 것이다. 이 영화를 두고 '한국에서 두 번 다시 나오기 힘든 전쟁영화, 시대를 앞서간 비운의 전쟁 블록버스터'[11]라고 한 유튜버의 외침이 가슴 아프게 들리는 이유다.

결국 스토리텔링의 목적은 소재가 실화이든 아니든 궁극적으로 설득력과 신빙성을 확보하는 것이어야 한다. 특히 실화를 소재로 한 영화의 경우, 실제 사건을 충실하고 실감나게 재현하는 것만으로는 결코 능사가 될 수 없다. 작가는 스토리 세상 속에서 벌어진 일을 관객이 진짜라고 믿게 만들어주어 반드시 그들을 납득시킬 수 있어야 한다. 그게 서사적 진실이고 흥행 성공이라는 결실을 맺을 수 있는 비결이다.

두려움의 내면 이야기

〈명량〉이 찾은 진짜 같은 거짓말, 허구적 스토리의 핵심은 등장인물의 마음속에 있던 '두려움'이란 감정이다. 영화 속 주인공 이순신(최민식)은 아군의 두려움을 용기로 바꾸고 적군의 두려움을 역이용하여 죽기 살기로 싸워 역전승한다. 불가능해 보였던 사건에 설득력을 더해 신빙성 있는 스토리로 바꾼 이 진짜 같은 거짓말, 두려움의 서사를 자세히 살펴보자.

우선 영화는 이순신 장군과 그의 명량대첩을 소재로 삼는다는 점에서 기획 콘셉트가 명확하다. 이순신 장군은 우리나라에서 가장 널리 알려진 역사적인 인물이다. 두루 존경받는 위인이자 이론異論의 여지가 거의 없는 민족의 영웅이다. 대중영화의 주인공으로서도 매력적인 캐릭터임이 분명하다. 그가 지휘한 여러 전투 중에서도 특히 명량대첩은 웅장한 규모의 볼거리와 극적인 승리를 동시에 보여줄 수 있는 사건이라 대작영화의 소재로서 최적의 조건을 가지고 있다.

게다가 〈명량〉은 나름 최선의 고증과 완성도 높은 CG 기술을 바탕으로 바다에서의 전투 장면들을 실감 나게 재현하면서 통쾌한 역전 승리의 외면 이야기를 그럴듯하게 전달한다. 그런데 영화가 명량대첩의 충실한 재현에만 그쳤다면, 화려한 볼거리를 제공하는 단순한 오락 액션영화 정도가 되었을 것이다. 이런 역사적 사건의 충실한 재현은 대박 영화의 필요조건일 수 있지만 충분조건은 될 수 없다.

그렇다면 〈명량〉은 어디서 충분조건을 찾아냈을까? 영화의 주인공은 관객들 모두가 이미 잘 알고 있는 이순신 장군이고 명량대첩의 결말은 주인공의 승리라는 걸 뻔히 다 알고 있는 상황에서 관객들에게 어떻게 감동을 줄 수 있다는 말인가? 역사가 오히려 영화의 스포일러여서 결말을 알고 보는 관객들의 입장에서는 극적 긴장감이 떨어질 수도 있다. 그래서 겉으로 보이는 명량대첩의 진행 과정만으로는 스토리텔링에 한계가 있다. 결국 스토리텔링의 관건은 어떻게 주인공 이순신이 온갖 반대에도 불구하고 12척의 군함으로(영화에서는 건조 중이던 유일한 거북선이 불타면서 결국 12척의 판옥선이 출정한다) 330척의 적군 함대를 물리칠 수 있었는지를 설득력 있게 감동적으로 그리는 작업이어야 한다. 하지만 어떻게? 어떻게? 어떻게?

도대체 어떻게 승리한 것이란 말인가? 역사의 기록을 최대한 찾아 유추할 수 있겠지만 모든 걸 알아내기에 기록은 항상 충분하지 않다. 이 지점에서 상상의 공간이 열리고 제작진의 생각과 판단이 더해진다. 특히 김한민 감독은 이순신 장군의 마음속을 들여다보기로 한 것 같다. 절체절명의 상황에서 우리의 주인공 이순신 장군은 무슨 생각을 했을까? 어떻게 이기려고 한 걸까? 과연 승리에 대한 확신은 있었을까? 객관적으로 전세는 이미 기울었고 웬만한 전략과 전술로는 적군을 감당하기 어려운 지경이었으므로 이순신 장군의 고민이 깊어지고 수심은 가득했을 것이다. 과연 승부의 관건은 무엇일까? 어디에서 찾을 수 있을까?

그렇게 찾아낸 것이 바로 '두려움'이라는 핵심 감정이다. 두려움은 〈명량〉 속 등장인물 모두에게 퍼져 있다. 주인공 이순신은 이미 전의를 상실한 아군은 물론, 자신에게 연전연패한 적군에도 두려움이 퍼져 있다는 것에 주목한다. 그리고 이런 두려움을 극복하고 활용하지 못한다면 승리할 수 없다는 결론에 이른다. 결국 〈명량〉은 등장인물들의 두려움을 따라 내면 이야기가 만들어지고 궁극적으로 두려움을 극복하고 승리한다는 위대한 서사로 관객을 설득한다. 영화 전체가 감동적인 진짜 같은 거짓말로 마무리된 것이다.

이야기를 더 자세히 들여다보자. 왜장 구루지마(류승룡)는 포로로 잡혀 있던 이순신의 충복 장수 배홍석(김구택)과 수많은 병사를 참수한 뒤 배에 가득 실어 "너희들도 필히 이와 같이 참해질 것이다"라는 메시지와 함께 아군 진영으로 보내온다. 이런 구루지마의 선전포고는 가뜩이나 불리한 전세 속에서 갈등이 깊은 아군의 두려움을 증폭시키고 사기를 바닥으로 떨어뜨린다. 두려움은 아군 진영에 독버섯처럼 퍼져 출정조차 힘든 상황에 이른다. 이순신은 깊은 고뇌 끝에 그 두려움이 바로 승부처라는 생각에 이른다. 두려움은 우리 아군뿐만 아니라 적군에도 있음을 간파하고 아군과 적군 모두에게 깔려 있는 두려움을 이용하기로 한다. 이제 싸움은 양쪽의 전력 대결이 아닌 두려움과의 전쟁으로 바뀐다.

이순신은 먼저 아군의 두려움을 반드시 용기로 바꾸어야 희망이 있다고 판단한다. 이를 위해서 몸소 앞장서기로 한다. 아무도 뒤따르지 않는 상황에서 대장선 홀로 적진으로 출정하며 솔선수범을 보인다. 그러고는 전쟁을 앞두고 군사들 앞에서 훈시했던 '필사즉생 필생즉사必死則生 必生則死'라는 말처럼 죽기를 각오하고 싸우면서 혼신의 힘을 다해 버텨낸다.

이때 조선 수군이 쉽게 무너질 거라 생각했던 아군과 왜군 모두가 충격에 빠진다. 이 순간 뒤쪽에서 멀리 떨어져 보고만 있던 아군 진영의 두려움은 용기로 바뀌고, 역으로 적군 진영에서는 이순신에 대한 공포가 되살아난다. 이 틈을 타 용기가 되살아난 아군은 두려움에 떨며 머뭇거리는 적군을 상대로 마을 사람들의 지원과 함께 총력전을 펼친다. 결국 극적으로 전세를 뒤집고 마침내 승리한다. 두려움의 심리전에서 끝내 승리한 '두려움의 서사'가 완성된 것이다.

그런데 이런 두려움의 서사는 내면 이야기다. 주인공 이순신의 내면을 영상을 통해 관객에게 직접 보여줄 수는 없다. 카메라로는 인물의 심상을 찍을 수 없다고 앞서 말한 바 있다. 별도의 내레이션을 통해 인물들의 심리 상태를 직접 설명할 수 있겠지만, 가급적 극화해서 간접적으로 전달해야 관객들에게 사실적으로 받아들여진다. 특히 마음속 내면 이야기는 그걸 표현하는 방법이 관건이다.

이런 내면 이야기를 효과적으로 전달하기 위해 이순신과 아들 이회(권율) 사이의 이야기가 현명하게 활용된다. 과거 부자가 나누었던 대화 장면이 서브플롯으로 기능하여 전투가 진행되는 메인플롯의 주요 고비마다 적절하게 나뉘어 삽입된다. 출정 직전에 나누었던 부자간 대화를 질의응답 형식으로 극화한 것이다.

아들이 질문한다. "아버님의 복안은 정녕 저 구선뿐이옵니까?" 아버지는 "복안이 문제가 아니다. 문제는 이미 독버섯처럼 퍼져버린 두려움이 문제지"라고 답하며 두려움이 이번 전쟁의 핵심임을 암시한다. 대장선에 탄 이순신이 홀로 출정하여 울돌목에 자리를 잡고 적군 구루지마의 선도부대에 맞서 버티는데 배후에 있던 왜장 와키자카(조진웅)

가 주춤거린다. 이때 과거에 부자가 대화했던 장면이 다시 등장한다. 아들이 묻는다. "헌데 아버님께선 두려움을 어찌 이용한단 말씀입니까?" 아버지는 "두려움은 필시 적과 아군을 구별치 않고 나타날 수 있다"라고 대답하면서 두려움의 실체를 간파했음을 알려준다.

그리고 이내 대장선이 왜선들에 의해 포위를 당해 위기에 빠졌을 때 과거 대화 장면이 다시 삽입된다. "그게 두려움을 이용하는 것입니까?"라는 아들의 질문에 아버지는 "만일 그 두려움을 용기로 바꿀 수만 있다면 말이다. 그 용기는 백 배 천배, 큰 용기로 배가되어 나타날 것이다"라고 말하면서 바닥에 떨어진 아군의 사기를 용기로 전환하는 것이 이번 전쟁의 승부처임을 알려준다. "허나 아버님, 극한 두려움에 빠진 저들을 어떻게 그런 용기로 바꿀 수 있단 말입니까?" 라고 아들이 추가로 묻자, 아버지는 "죽어야겠지. 내가…" 라고 의미심장한 말을 한다. 이는 바로 이순신의 사즉생死 則生의 각오를 피력한 것으로 대장선이 홀로 출정한 이유를 아들과 관객에게 감동적으로 납득시킨다.

이렇게 부자의 대화 장면을 절묘하게 쪼개서 전투 상황에 맞게 적재적소에 분산 배치함으로써 이순신의 내면세계를 드러내고 관객의 마음속에 두려움의 서사가 자연스럽게 자리 잡도록 한다. 게다가 〈명량〉에서는 등장인물들의 짧은 클로즈업 장면이 유독 자주 삽입된다. 두려움으로 가득 찬 얼굴 표정들 말이다. 아군과 적군을 가리지 않고 다양한 인물들의 굳은 표정을 통해 두려움의 서사가 더욱 위력을 발휘하도록 연출한 것이다.

다시 생각해 보자. 만약 〈명량〉이 모두가 포기를 원했던 전쟁, 12척과 330척의 압도적인 전력 차이의 대결에서 회오리 바다의 속성을 이용하는 전술로 승리한다는 이야기에 머물렀다면 관객에게 설득력 있게 다가가기란 쉽지 않았을 수도 있다. 등장인물들의 마음속을 파고들어 아군의 두려움을 용기로 바꾸고 적군의 두려움을 역이용하여 전세를 역전시키는 스토리텔링으로 영화적 진정성authenticity은 높아지고 기적적인 승리의 감동이 그럴듯하게 전달된 것이다.

결국 〈명량〉은 전쟁 이야기 속에서 두려움의 심리전을 다룬 내면 이야기를 섞어낸 스토리 디자인으로 흥행 성공의 필요충분조건을 갖춘 것이다. 관객과의 대결에서도 압승한다. 이순신의 구국의 일념과 솔선수범하고 죽기를 각오하고 행동하는 리더십을 감동적으로 설득력 있게 극화함으로써 극장에 1761만 명의 관객을 동원하고 국내 흥행 기록 최고의 위치에 오른 것이다. 이게 바로 스토리텔링의 목적에 충실한 결과이고 초대박 흥행의 결정적인 비결이다.

갈등을 다루는 방법

영화를 기획할 때 매력적인 소재를 선택하는 것만큼이나 중요한 스토리텔링 전략이 갈등을 어떻게 설정하느냐이다. 인물과 배경 등의 조건은 같더라도 갈등을 다루는 방법에 따라 다른 이야기가 될 수 있기 때문이다. 말하자면 '갈등'은 스토리텔링에서 가장 핵심적인 요소다.

갈등은 충돌 또는 대립을 의미한다. 종종 문제나 골칫거리로 표출되기도 한다. 할리우드 시나리오 작법 교육의 선구자인 시드 필드Syd Field는 "모든 드라마는 갈등이다. 갈등 없이는 행동이 없고, 행동 없이는 캐릭터가 없고, 캐릭터 없이는 스토리가 없고, 스토리 없이는 시나리오가 없다"[12]라고 말한다. 영화에서 갈등이 없다면 관객의 주목을 끌기 어렵고, 갈등이 표출될 때 비로소 관객은 집중하게 된다. 그래서 스토리는 주인공을 중심으로 갈등을 설정하고 그 갈등 상황이 지속적으로 이어지고 점진적으로 증폭되다가 결말에 이르러 갈등이 해소되는 방식으로 구성하는 것이 일반적이다.

스토리의 중심인물main character인 주인공은 우리처럼 내면과 외면에 걸쳐 생기는 여러 층위의 갈등을 겹겹이 안고 살아간다. 갈등은 보통 내면적 갈등inner conflict, 개인적 갈등

personal conflict, 사회적 갈등social conflict, 환경적 갈등physical conflict 의 네 가지 종류로 나뉜다.13

먼저 내면적 갈등은 주인공과 그의 내면세계의 또 다른 자아와 대립하는 것으로 내면 이야기를 이끈다. 외면 이야기를 만들어내는 외면적 갈등은 다시 세 종류로 세분화된다. 그중 개인적 갈등은 가까운 인간관계에서 기인하는데, 주인공 주변에 친분이 두텁고 이해관계가 별로 없는 사람과의 충돌을 의미한다. 즉 가족, 친구, 연인 등과의 관계에서 오는 갈등이다. 사회적 갈등은 이해관계에 의해 만나는 직장, 기관, 단체 등과의 대립으로 사회적인 관계 속에서 발생하는 것을 말한다. 환경적 갈등은 그 밖에 주인공의 일상생활에서 맞닥뜨리는 모든 환경적인 요소와의 충돌인데 질병, 사고, 자연재해, 각종 재난 등 사람이 어찌 할 수 없는 상황에서 겪는 물리적 갈등을 말한다.

이러한 네 가지 층위의 갈등이 서로 조합되면서 다양한 스토리텔링이 펼쳐진다. 어떤 갈등을 중점적으로 다룰지 선택하거나 두 종류 이상의 갈등을 조합하는 것은 작가의 스토리텔링 전략이 된다. 그런 갈등 전략에 따라 스토리의 방향과 영화의 성격이 규정된다. 네 가지 차원의 갈등을 모두 다루는 영화가 있고, 한 가지 갈등에만 집중하는 영화도 있다. 그리고 그 사이 어떠한 조합도 가능하다.

〈명량〉의 서사를 갈등의 측면에서 살펴보자. 주인공으로 내세운 이순신이 직면하는 명량대첩은 이미 기획의 출발 단계에서부터 환경적 갈등을 내포하고 있다. 전쟁이 발발한 상황에서 대군 330척을 밀고 들어오는 왜적과의 대결 자체가 환경적 갈등인 것이다. 거기에 절체절명의 대치 국면에서 부하 장수들과 병사들 그리고 당시 조정과 임금과의 충돌로 인한 사회적 갈등이 더해지고, 아들 이회와 심복 장수 안위(이승준)마저 출정을 만류하는 개인적 갈등이 추가된다. 이처럼 켜켜이 쌓인 외면적 갈등 상황이 이순신을 압박하고 그의 결단을 촉구하는데, 이 때문에 주인공 이순신의 내면적 갈등은 더욱 크게 부각된다.

부연하자면 이순신은 절대적으로 불리한 전세에서 왜장 구루지마의 막강한 선도 부대의 등장(환경적 갈등)으로 위협을 느끼는데, 임금은 모두 철군해서 육군에 합류하라 명하고, 장수들과 병사들은 전쟁을 포기하려 하고, 마을 사람들까지 두려움에 떨고 있는 현실(사회적 갈등)과 마주한다. 어머니는 돌아가시고, 아들 이회가 전쟁의 의미를 이해할 수 없다며 출정을 만류하고, 심복 장수 안위마저 전쟁 불가를 주장하는 상황(개인적 갈등)에서 독버섯처럼 번지는 두려움을 어떻게 떨쳐버릴지, 모두가 반대하는 이 전쟁을 꼭 해야 하는 것인지, 과연 이길 수 있는 방법은 있는 것인지 등 이순신의 딜레마와 정신적인 고뇌(내면적 갈등)가 깊어진다.

결국 〈명량〉은 모든 차원의 갈등을 다층적으로 담아내는 이야기 전략을 펼친다. 몸은 아프고 마음은 지쳐가는 주인공 이순신을 입체적으로 표현하여 관객이 그의 내면으로 깊게 빠져들도록 만든다. 이처럼 다층적 갈등은 주인공에게 깊이 감정이입하도록 유도해 공감을 폭넓게 확산시키고 진한 감동을 만드는 비법이 될 수 있다.

흥미로운 것은 후속편인 〈한산: 용의 출현〉이 전편과는 사뭇 다른 갈등 전략을 보여준다는 점이다. 내면적 갈등, 개인적 갈등, 사회적 갈등을 크게 증폭시키지 않은 것이다. 주인공 이순신(박해일)의 가족은 아예 등장하지 않고 전쟁을 반대하는 주변인물도 거의 없고 무조건 싸워야 한다는 전제로 영화가 펼쳐진다. 그 결과 환경적 갈등에 집중하는 이야기가 만들어진다. 내면적, 개인적, 사회적 갈등을 키우지 않아 충분해진 러닝타임의 대부분은 거북선의 참전과 학익진 전술을 단계적으로 자세히 보여주는 것에 할애되어 있다. 같은 이유로 왜군의 상황을 묘사하는 분량도 많아지고 적장 와키자카(변요한)의 역할과 비중은 커질 수밖에 없다. 결국 〈한산: 용의 출현〉은 이순신의 지략을 중심으로 왜적과 정면 대결 끝에 압승한다는 이야기로, 전편 〈명량〉과는 다른 스토리 전략을 보여준다.

이처럼 갈등의 층위를 다루는 방식은 영화의 우열을 가르는 기준이 아니라 창작의 의도에 따라 정해지는 작가의 이야기 전략임을 재차 강조하고 싶다. 다만 관객들의 가슴을 깊게 파고들어 울림과 감동을 불러일으키기에는 네 가지 갈등의 층위를 모두 펼친 〈명량〉이 주로 환경적 갈등에 집중한 〈한산: 용의 출현〉에 비해 유리한 측면이 있다. 같은 전쟁영화나 〈명량〉에서는 휴먼 드라마 성격이 더 강조되었고, 〈한산: 용의 출현〉에서는 정통 전쟁영화에 가까운 스토리 전략이 구사된 것이다.

비슷한 예로 천만영화 〈인터스텔라〉와 맷 데이먼 주연의 〈마션〉을 비교할 수 있는데, 역시 같은 우주 배경에 미항공우주국NASA이 등장하는 영화이지만 갈등을 다루는 데에는 서로 다른 서사 전략을 취한다. 먼저 〈인터스텔라〉는 주인공 쿠퍼(매튜 맥커너히)와 딸 머피(제시카 차스테인)의 부녀 서사를 강조하면서 아버지 쿠퍼가 겪는 환경적, 사회적, 개인적, 내면적 갈등을 골고루 펼치고, 〈마션〉은 홀로 화성에 남게 된 마크 와트니(맷 데이먼)의 내면적, 개인적, 사회적 갈등을 크게 증폭시키지 않고 환경적 갈등 위주로 그린다. 따라서 〈인터스텔라〉는 주인공이 딸의 만류를 뿌리치고 우주로 떠나 우여곡절을 겪은 끝에 극적으로 딸과 재회한다는 이야기이고, 〈마션〉은 시작부터 주인공이 화성에 혼자 고립되어 구출되기 전까지 오랜 시간 동안 홀로 버티는 생존 투쟁에 초점을 맞춘 스토리다.

결론적으로 〈명량〉은 외면적 갈등을 개인적, 사회적, 환경적 갈등으로 나누어 겹겹이 쌓아 주인공의 내면적 갈등이 잘 부각되도록 설계되어 있다. 그래서 이순신의 내면세계가 강조되어 관객에게 그의 인간적인 모습과 리더십 그리고 구국의 결단이 감명 깊게 전달된다. 12척 대 330척이라는 다윗과 골리앗의 싸움에서 극적으로 역전 승리하는 통쾌함의 이면에 두려움을 용기로 바꾸는 정신 무장과 죽기를 각오하고 싸우는 이순신의 리더십이 관객으로 하여금 깊은 공감과 감동의 카타르시스catharsis에 이르게 한 것이다.

작가는 역사, 뉴스, 경험, 공상 등에서 소재를 찾아내고 그걸 토대로 사건을 구성하는 방식으로 이야기를 만든다. 다만 사건에 대한 묘사와 재현을 넘어 사건을 바라보는 작가의 생각과 의견이 중요하다. 생각과 의견을 설득력 있게 쓰는 것이 진실에 다가가는 일이고 이런 서사적 진실에 신빙성을 부여하는 것이 스토리텔링의 본질이다.

맥키는 "신빙성은 이야기에 구현된 세계가 내적인 일관성을 가지고 있고 그 세계의 폭과 깊이, 그것을 채워주는 세부 사항들이 서로에 대해 진실일 때에 얻는 것이다"[14]라고 말한다. 결국 주인공 마음속을 파고들어 만들어낸 진짜 같은 거짓말, 〈명량〉의 두려움의 서사는 스토리텔링의 정수를 보여준다. 관객은 영화를 통해 서사적 진실을 믿게 되고, 사람들의 공감과 감동은 널리 퍼진다.

좋은 영화는 관객이 극장에 앉아 있다는 사실마저 잊게 해주고, 자신이 보고 있는 스토리를 실제라고 믿게 해준다.

― 로버트 맥키

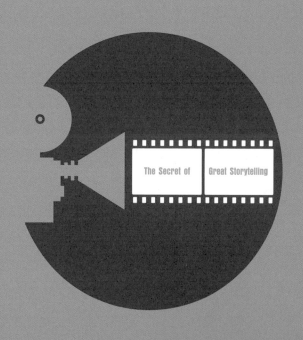

The Secret of Great Storytelling

욕망을 지속적으로 추구해 나가는 궤적인

플롯 관통선은 영화가 시작부터 끝까지

일관성 있게 이어지도록 해주고,

다양한 이야기 요소들이

하나로 연결되게 해주는 역할을 한다.

관객은 이런 관통선을 따라

영화를 흥미진진하게 지켜볼 수 있고,

관통선을 중심으로

여러 가지 복합적인 감정을 소화할 수 있다.

시퀀스❹ 플롯 관통선

주인공이
한껏가운 욕망을
찾아라

국제시장

관객 1426만 명

개봉 2014.12.17 **등급** 12세 관람가 **장르** 드라마 **러닝타임** 126분
감독 윤제균 **출연** 황정민, 김윤진, 오달수, 정진영 등
줄거리 6·25전쟁이 한창이던 1950년 겨울, 덕수는 아버지, 어머지, 세 동생과 피난을 위해 흥남부두에 도착한다. 난리통에 잃어버린 여동생 막순을 찾기 위해 아버지는 흥남부두에 남고, 덕수는 다른 가족들과 함께 부산 국제시장에 있는 고모의 가게인 꽃분이네를 찾아간다. 졸지에 가장이 되어 가족의 생계를 책임지게 된 덕수. 가족을 잘 지키라는 아버지와의 약속을 지키기 위해 그는 파독광부가 되어 서독으로, 전쟁이 한창인 베트남으로 떠나야만 했다. 하고 싶은 것도, 되고 싶은 것도 많았지만 평생 자신을 위해 살아본 적 없던 그의 이야기가 지금부터 시작된다.

대다수의 영화에서는 탄생부터 죽음까지 주인공의 삶을 쫓아
가는 게 불가능하다. 이렇게 이어갈 만한 골격이 이야기에 없
는 까닭이다.

— 로버트 맥키

2009년, 설경구와 하지원 주연의 한국형 재난 블록버스
터 〈해운대〉로 CJ엔터테인먼트에 첫 번째 천만영화를 안겨
준 윤제균 감독의 다음 도전은 국내를 떠나 세계로 향했다.
3년여에 걸쳐 할리우드 제작사와 함께 기획했던 〈템플스테
이〉는 미국의 어린 남매가 한국의 불국사에서 템플스테이
를 하면서 겪는 이야기의 가족 판타지 어드벤처물이었다.
2012년 여름, 윤제균 감독의 원안이 미국 시나리오 작가에
의해 영어 버전의 최종 시나리오로 마무리되었다. 나는 아
직도 당시 〈템플스테이〉 시나리오를 읽었을 때의 감상이 생
생하게 기억난다. 마치 스티븐 스필버그 감독의 영화를 보

는 듯한 느낌이었다. 하지만 너무나 아쉽게도 마지막 단계에서 영화 제작이 무산되었다. 야심찬 글로벌 프로젝트가 불발에 그쳐 크게 실망했던 윤 감독의 얼굴이 떠오른다.

실망도 잠시, 심기일전한 윤제균 감독이 꺼내든 카드가 바로 〈국제시장〉이다. 그는 이제 자신이 만들고 싶은 영화를 해야겠다고 했다. 그동안 자신이 보고 싶은 영화, 관객이 보고 싶어 하는 영화를 만들어왔다던 윤 감독은 오래 간직해 온 자신의 아버지 이야기를 영화로 만들기로 했다. 관객을 염두에 두고 객관성을 추구하던 영화적 태도가 주관적인 열망을 따르는 것으로 바뀐 것이기에 상업영화 감독으로서 고심은 깊어질 수밖에 없었다.

결국 윤제균 감독은 영화 제작에 임하는 자신의 태도 변화가 불러올 흥행에 대한 우려를 이야기의 진정성으로 돌파하기로 한다. 진정성은 보편성으로 귀결될 수 있을 거라는 믿음에서 비롯한 듯하다. 윤 감독은 촬영 현장에서도 배우들과 현장 스태프들에게 늘 진정성이 가장 중요하다고 역설했다고 한다. 그런 그의 진심이 통한 건지 결과적으로 관객들은 크게 호응했다.

〈국제시장〉의 대박으로 윤제균 감독은 〈해운대〉에 이어 국내 시장에서 두 편의 천만영화를 연출한 이른바 최초의 '쌍천만' 감독이 되었다. 또한 〈국제시장〉은 2015년에 열린

제65회 베를린국제영화제 파노라마 부문에 초청되었는데, 윤 감독은 〈템플스테이〉 제작 무산의 아쉬움을 뒤로 하고 〈국제시장〉으로 글로벌 진출을 하게 된 셈이다.

윤제균 감독은 평범한 회사원이었다가 시나리오 작가로 영화를 시작해 감독으로, 제작자로 영화 현장을 두루 섭렵한 뒤 〈국제시장〉의 성공으로 이제 명실상부 한국의 '스필버그'라고 불리게 되었다. 그도 스티븐 스필버그 감독을 세상에서 가장 존경한다고 말한다. 이런 엄청난 성과를 만들어낸 천만영화의 스토리텔링 비결을 파헤쳐 보지 않을 수 없었다.

이야기의 관통선

한 인물의 삶을 평생에 걸쳐 다루는 영화는 생각보다 그리 흔하지 않다. 한 인간의 생애 전체를 2시간 내외의 러닝타임으로 축약하여 극적으로 구성하기가 매우 어렵기 때문이다. 그래서 "작가들은 아리스토텔레스의 가르침을 따라 '사건의 중심에서부터' 이야기를 시작한다. 우선 주인공의 삶에서 절정climax에 해당하는 사건이 일어나는 날짜를 정한 다음, 그때와 가능한 한 가장 가까운 시기에서 이야기를 출발한다. 이런 구성에는 이야기가 다루는 기간이 압축되고 발단 이전까지 인물의 과거가 길어진다"15라고 맥키는 충고 한다. 그렇게 하면 주인공의 캐릭터가 충분히 응축된 상태 로 이야기를 시작할 수 있는 장점이 있고, 이후 영화가 끝날 때까지 극적 긴장감을 유지하는 데에 유리하기 때문이다.

그런데 〈국제시장〉은 주인공 윤덕수(황정민)의 어린 시절 부터 70대까지 거의 평생의 삶을 그린다. 60여 년의 긴 세 월을 126분이라는 짧은 러닝타임에 압축하는 다소 위험한 시도를 감행한다. 아리스토텔레스의 조언을 뒤로 하고 절 정으로부터 시간적으로 가장 멀리 떨어진 지점에서 이야기 를 시작한 것이다. 물론 이렇게 하면 생애 전체에 걸친 한 인물의 파란만장한 인생을 그려 오랜 시간 동안 겪은 삶의 우여곡절을 재현할 수는 있지만 꼭 좋은 스토리가 된다는 보장은 없다. 그렇다면 〈국제시장〉은 어떻게 아리스토텔레 스와 맥키의 우려를 극복했을까?

〈국제시장〉의 주인공 덕수는 어린 시절 6·25전쟁을 겪고 대한민국 근현대사를 관통하면서 현재까지 살고 있는 인물 이다. 영화는 특히 덕수가 전형적인 실향민이고 이산가족 이라는 점에 초점을 맞춘다. 영화 초반 가족의 이별과 후반 이산가족의 만남을 전체 플롯의 기둥으로 세운다. 1950년 대 흥남철수(이별)를 발단으로 하고 1980년대 이산가족찾기 특별생방송(상봉)은 절정이 된다. 중간에 1960년대 파독 광부 이야기와 1970년대 월남파병 이야기를 배치하면서 자연스럽게 기승전결 구조가 짜인다. 10년 단위로 선정된 네 가지 사건들을 통해 덕수의 인생에서 가장 중요했던 젊은 시절을 상징적으로 보여준다.

그런데 과연 이런 10년 단위의 네 단계 이야기 구성이 하나의 통일된 이야기로 엮일 수 있을까? 자연스러운 흐름의 플롯으로 완성될 수 있을까? 만약 그렇게 되지 못한다면 이 영화는 마치 다큐멘터리처럼 이런저런 일을 겪으며 살아온 한 사람의 인생 스케치에 불과하게 될 수도 있다. 아리스토텔레스가 기나긴 스토리 시간을 다루는 걸 가급적 피하라고 조언했던 이유는 스토리 시간이 길어지면 길어질수록 전체를 하나로 엮어낼 만한 주인공의 '한결같은 욕망'을 찾기 어렵기 때문이다. 환경과 시기에 따라 인간의 욕망은 변하기 마련이니 어찌 보면 당연한 이야기다. 그러니 가능하면 최대한 짧은 스토리 시간으로 이야기를 정리하는 것이 주인공의 일관된 욕망을 찾아내는 데에 유리하다.

덕수의 생애 전체를 다루는 〈국제시장〉은 이런 충고를 곱씹어 보고, 왜 이런 조언을 했는지 그 이유에 주목한다. 스토리 시간이 아무리 길더라도 주인공의 한결같은 욕망이 있다면 되는 것 아닌가? 맞다. 윤제균 감독은 끝내 덕수의

60여 년의 삶을 하나로 연결하는 욕망을 찾아냈다. 신의 한 수 같은 그것은 바로 주인공 덕수가 아버지와의 약속을 지키려는 마음이다.

1950년대, 어린 덕수는 가족과 함께 피난을 위해 흥남부두에 도착한다. 그런데 덕수의 아버지(정진영)는 덕수가 손을 놓쳐 잃어버린 딸 막순을 찾기 위해 되돌아가면서 어린 덕수에게 가장의 역할을 맡기고 나머지 가족과 함께 먼저 떠나 부산에 있는 고모(라미란)네 상점 꽃분이네에서 기다리라고 말한다. 이후 덕수는 평생 아버지와의 약속을 지키기 위해 살아간다. 어린 나이에 가장의 역할을 맡고 꽃분이네 상점을 지키기 위해 자기 자신을 희생하는 길로 들어선 것이다. 선장이 되고 싶었던 꿈을 가슴에 묻고 오직 가족을 위해 평생을 헌신한다.

결국 〈국제시장〉은 한마디로 덕수가 평생에 걸쳐 아버지와의 약속을 지켜내는 이야기다. 이게 바로 60여 년에 걸친 주인공의 한결같은 욕망이다. 이 한결같은 욕망을 따라서 메인플롯의 관통선throughline이 만들어진다. 이런 플롯 관통선에 의해 자칫 무의미한 나열에 그칠 뻔한 10년 단위의 네 가지 개별 사건들이 하나의 주제를 갖는 통일된 이야기로 엮어진다. 비로소 사건들 사이에 질서가 잡히고 의미가 살아나면서 매력적인 스토리텔링으로 완결된다.

주인공의 생애를 그린 영화가 흔치는 않지만 그중에서도 〈마지막 황제〉와 〈덕혜옹주〉는 주목할 만하다. 베르나르도 베르톨루치 감독의 미국 아카데미 작품상 수상작 〈마지막 황제〉는 중국의 마지막 황제 푸이(존 론)의 일생을 그리는 데, 자칫 조각조각 파편화될 수 있었던 그의 파란만장한 삶의 에피소드들이 유년시절부터 생을 마칠 때까지 시종일관 자신의 정체성을 찾고자 애쓰는 관통선으로 엮어진다. 평생 '나는 누구인가'라는 질문에 답을 하는 방식으로 이야기가 정리되면서 의미가 크게 살아나고 결국 명작의 반열에 오른 작품이 되었다.

560만 명의 관객을 동원한 허진호 감독의 〈덕혜옹주〉는 조선의 마지막 옹주 덕혜(손예진)의 유년시절부터 죽음까지를 다루면서 주인공 덕혜가 집(조선)으로 돌아가고 싶어 하는 열망을 플롯 관통선으로 삼아 관객이 그녀의 생애를 직관적으로 받아들일 수 있도록 한다.

강제규 감독의 천만영화 〈태극기 휘날리며〉는 6·25전쟁에 휘말려 들어간 형제의 이야기를 다루는데, 형 진태(장동건)와 동생 진석(원빈) 형제는 3여 년에 걸친 전쟁으로 전국의 다양한 지역에서 전투에 가담한다. 이 영화에는 그저 다채로운 전투 장면을 실감 나게 보여주는 화려한 볼거리 나열의 액션영화를 뛰어넘어 하나의 드라마로 완성시키는 플롯 관통선이 심겨 있다. 〈태극기 휘날리며〉는 얼떨결에 징집되어 열차에 오른 어린 동생을 뒤따라가 집으로 돌려보내려는 형의 한결같은 욕망으로 플롯 관통선이 만들어진다. 주인공 진태는 징집 대상이 아니었던 동생을 집으로 돌려보내기 위해 자신이 대신 전투에 임해 공을 세우고 인정을 받고자 하는데, 이런 진태의 일관된 행위의 연속이 전체 플롯의 관통선이 된다.

이처럼 플롯 관통선은 자칫 산만하고 무의미한 사건들의 나열에 그칠 수 있는 이야기를 하나의 통일된 이야기로 만들어줄 뿐만 아니라, 관객이 영화를 보는 내내 길을 잃지 않고 몰입해서 볼 수 있도록 가이드의 역할을 한다. 그래서 관객은 주인공의 한결같은 욕망이 바탕이 된 관통선을 따라 감상하다 보면 어느새 결말에 이르러 그 이전까지 지켜본 과정에서 축적된 감흥이 폭발하는 카타르시스를 경험하고 스토리의 궁극적인 의미를 깨닫게 되는 것이다.

대중영화에서 작가는 플롯 관통선을 만들어내는 것이 절대적으로 중요한 과제라는 걸 명심할 필요가 있다. 주인공이 무엇을 추구하는지, 궁극적으로 이루고자 하는 것이 무엇인지, 영화 내내 유지되는 주인공의 한결같은 욕망을 발견함으로써 이 과제를 해결할 수 있다. 그런 욕망을 지속적으로 추구해 나가는 궤적인 플롯 관통선은 영화가 시작부터 끝까지 일관성 있게 이어지도록 해주고, 다양한 이야기 요소들이 하나로 연결되게 해주는 역할을 한다. 관객은 이런 관통선을 따라 영화를 흥미진진하게 지켜볼 수 있고, 관통선을 중심으로 여러 가지 복합적인 감정을 소화할 수 있다.

봉준호 감독의 천만영화 〈기생충〉은 기택의 가족이 박사장의 저택을 점령하려는 범죄적인 플롯 관통선을 가지고 있다. 943만 명의 관객을 동원한 이상근 감독의 〈엑시트〉에서는 용남(조정석)과 의주(임윤아)가 도심 속 가스 재난에서 탈출하고자 하는 욕망에 따라 플롯 관통선이 만들어진다.

결론적으로 작가 입장에서 플롯 관통선을 만든다는 것은 관객과의 접점을 찾는 일이고 이는 대중영화 스토리텔링에서 작가의 필수적인 책무다. 관통선이 선명할수록 관객의 입장에서는 복잡한 이야기도 쉽게 이해할 수 있고, 작가는 주제를 더욱 선명하게 전달할 수 있다.

그런 맥락에서 〈국제시장〉의 복잡하고 방대한 플롯을 다시 한마디로 정리하면, 주인공 덕수가 60여 년 동안 평생에 걸쳐 아버지와의 약속을 지키기 위해 애쓰는 이야기인 것이다. 그 약속은 가장이 되는 일이고 가장이 된다는 건 언제나 식구들을 위해 희생하고 헌신해야 한다는 걸 의미한다. 한 사람의 평생에 걸친 삶이 이토록 간결하게 함축적으로 정리될 수 있는 건 결코 쉽게 얻어진 결과가 아니다. 그 어려운 일을 〈국제시장〉은 플롯 관통선을 찾아 해냈고 그게 천만영화 반열에 오른 핵심 비결이다. 공감과 감동은 관객의 몫이 되었고, 그렇게 윤제균 감독은 한국 최초의 쌍천만 감독에 등극했다.

관통선과 이야기 구성의 관계

〈국제시장〉의 촬영 현장에서 제작 스태프들은 마치 다섯 편의 영화를 만드는 것 같다고 고충을 털어놓았다고 한다. 실제로 〈국제시장〉은 시점이 다른 다섯 편의 단편영화로 구성되어 있다. 흥남철수를 시작으로 한 1950년대 이야기, 파독광부 중심의 1960년대 이야기, 월남파병을 다루는 1970년대 이야기, 이산가족 상봉의 1980년대 이야기, 그리고 노년이 된 덕수의 현재 이야기가 있다. 이 다섯 이야기는 모두 각각 별도의 장편영화로 만들어도 될 만큼의 규모를 가진다. 다섯 편의 영화를 만드는 것 같다는 현장의 볼멘소리에 공감이 가는 대목이다.

이와 같이 복잡하고 방대한 여러 이야기가 어떻게 통합된 하나의 플롯으로 정리될 수 있었는지 자세히 살펴볼 필요가 있다. 먼저 다섯 이야기를 시간 순서대로만 나열해 보면 다음과 같다.

• 1950년대 이야기

함경남도 흥남에 사는 열두 살 윤덕수는 6·25전쟁 중 남쪽으로 피난을 가기 위해 어머니(장영남), 아버지, 세 동생과 함께 흥남부두에 도착한다. 철수하는 미군 화물선에 오르는 난리통에 가족 일행과 떨어진 여동생 막순을 찾기 위해 아버지는 덕수에게 나머지 가족을 맡기면서 먼저 떠나라고 한다. 그리고 부산에서 고모가 운영하는 상점을 찾아가 거기서 기다리라고 당부한다. 결국 덕수는 이산가족이 된 채 어머니를 모시고 두 동생과 함께 부산에 도착한다. 졸지에 가장이 되어 부산 국제시장에서 힘겨운 유년시절을 보낸다.

• 1960년대 이야기

20대에 접어든 덕수는 생계를 위해 여전히 시장에서 열심히 일한다. 남동생 승규(이현)의 서울대 합격 소식에 등록금을 걱정하던 덕수는 큰돈을 벌기 위해 친구 달구(오달수)와 함께 서독으로 간다. 파독광부가 되어 광산에서 죽을 고비를 넘기면서까지 악착같이 일한다. 마침 간호사로 파견 나온 영자(김윤진)를 만나 데이트를 즐기고 깊은 관계가 되지만, 비자가 만료되어 혼자 한국으로 떠난다. 결국 임신한 채로 뒤따라 귀국한 영자와 고국에서 결혼식을 올린다.

• 1970년대 이야기

덕수는 꿈에 그리던 해양대의 합격 통지서를 받는다. 기쁨도 잠시, 여동생 끝순(김슬기)의 결혼 문제로 걱정하는 어머니가 안쓰럽고 마음이 쓰인다. 게다가 의지하던 고모가 돌아가시고 고모부는 꽃분이네 상점을 팔아넘기려고 한다. 덕수에게 꽃분이네는 아버지와 다시 만나기로 약속했던, 반드시 지켜야 하는 가게다. 가게를 지키기 위해서 또다시 목돈이 필요했던 덕수는 월남파병 모집에 지원해 합격한다. 베트남전쟁에서도 몇 차례 죽을 고비를 겪고 덕수는 그만 다리를 크게 다쳐 절뚝거리며 귀국한다. 결국 여동생 끝순을 결혼시키고 꽃분이네 상점을 인수한다.

• 1980년대 이야기

이제 안정적인 삶을 유지하고 있는 덕수는 어느 날 텔레비전에서 이산가족을 찾아주는 KBS 특별생방송 프로그램을 본다. 덕수는 흥남부두에서 헤어진 아버지와 여동생 막순(최스텔라김)을 찾기 위해 방송국으로 향한다. 수많은 이산가족 인파 속에서 아버지와 동생의 이름을 간절하게 외치던 덕수는 아버지로 추정되는 비슷한 사람과 연락이 닿았으나 그는 아버지가 아니었다. 거의 포기할 무렵 미국 로스앤젤레스에서 연락이 오고 헤어질 때 찢어진 저고리 소매를 매개로 막순과 극적으로 상봉한다. 미국에서 귀국한 막순네 가족과 함께 온 가족이 모처럼 행복한 시간을 보내고 난 후 얼마 뒤 덕수의 어머니는 세상을 떠난다.

• 현재 이야기

70대 노인이 된 덕수는 여전히 꽃분이네 상점을 지키면서 영자와 잘 살고 있다. 손자, 손녀 들도 있는 대가족이다. 하지만 덕수는 성질이 괴팍하고 고약한 심보의 꼰대가 되어 사사건건 자식들과 부딪히고 주변 상점 사람들과도 자주 다툰다. 국제시장의 재개발 추진에 혼자 결사반대하는 고집을 부리며 꽃분이네 상점에 집착한다. 어머니 제 삿날이 되어 모처럼 동생들 가족을 포함해 온 식구들이 모여 거실에서 화목한 시간을 보내지만 덕수는 소외감을 느낀다. 홀로 방에 들어 각 덕수는 아버지 사진을 끌어안고 펑펑 운다. 울면서 아버지에게 약 속 잘 지켰다고, 막순이도 찾았다고, 이만하면 잘 살았지 않았느냐고 크게 절규한다. 그리고 영자에게 이젠 아버지는 못 오시겠지 하면서 꽃분이네 상점을 팔자고 한다.

〈국제시장〉은 이 다섯 이야기를 시간 순서 그대로 나열하는 안이한 플롯으로 완성되지 않았다. 현재에서 시작해 과거로 돌아갔다가 다시 현재로 돌아와 끝내는 액자구조(회상구조)를 취한다. 액자구조frame narrative는 한국 천만영화 〈태극기 휘날리며〉와 제임스 카메론 감독의 〈타이타닉〉에도 적용될 만큼, 지난 과거의 이야기를 현실감 있고 흥미롭게 다룰 때 자주 활용되는 서사 형식이다.

〈태극기 휘날리며〉는 노인이 된 동생의 현재 시점에서 시작해 과거 6·25전쟁 당시 전사한 형과의 이야기를 회상한 후 마지막에 다시 현재로 돌아오는 구성이다. 〈타이타닉〉역시 노인이 된 로즈의 입장에서 시작해 과거 타이타닉호 침몰 당시에 자신을 살리고 죽은 연인 잭을 회상하고 다시 현재로 돌아오는 플롯이다. 특히 〈태극기 휘날리며〉와 〈타이타닉〉에서는 현재 이야기를 영화가 시작할 때와 끝날 때 등장시키는 전형적인 액자구조 형식을 취하여 과거를 회상하는 이야기에 방점이 찍힌다.

그러나 〈국제시장〉의 과거 이야기는 스토리 시간이 40여 년으로 너무 길고, 약 10년 단위 네 개의 이야기로 분절되어 있어 서로 독립적이며 직접적인 연관성이 부족해 한 번에 연결해서 보여주는 전형적인 액자구조를 취하기에는 무리가 따른다. 그래서 현재 이야기를 단순히 액자로만 쓰지 않고 과거 이야기와 섞여 함께 진행되는 별도의 이야기가 되도록 발전시킨다. 현재 이야기를 잘게 쪼개 조각난 과거 이야기들 사이사이에 적절하게 배치한다. 현재와 과거를 계속 교차시키면서 네 편의 과거 이야기가 자연스럽게 연결되도록 하는 다소 모험적인 시도를 한 것이다.

여기서 현재 이야기는 다섯 조각으로 쪼개지는데, 영화의 시작과 끝에 두 조각이 배치되고 나머지 세 조각은 각각 네 개의 과거 이야기 사이사이에 연결 고리 역할을 하도록 배치된다. 총 아홉 개의 이야기 조각(현재 5개 + 과거 4개)과 사이사이 여덟 군데의 이음매가 있는 구성이다.

그런데 이렇게 현재와 과거를 계속 교차시키다 보면 자칫 쪼개진 이야기 조각들이 파편처럼 산만하게 흩어질 수도 있다. 이제 관건은 마치 바느질하듯 이음매를 자연스럽게 잘 꿰매야 하는 것이다. 즉, 아홉 개의 조각을 하나의 이야기로 세련되게 연결시켜야만 한다. 이때 절대적으로 중요한 것이 바로 플롯 관통선이다. 반드시 관통선이 있어야 그것이 바늘과 실이 되어 조각들을 유려하게 꿰맬 수 있다.

이야기 연결 지점의 장면 전환transition을 유심히 살펴보면 다음과 같이 정성 가득한 바느질을 확인할 수 있다.

- **장면 전환 1** (현재→과거, 1950년 12월)

  노인 덕수가 어린 손녀와 손잡고 평화롭게 동네를 산책한다. 손녀가 할아버지는 어릴 때 어땠냐고 질문하는 순간 덕수는 행인과 부딪혀 넘어진다. 이때 손녀의 손을 놓치면서 과거 전쟁 통에 동생 막순의 손을 놓치는 장면과 잠깐 중첩된다. 다시 손녀의 손을 꼭 잡으면서 괜찮으냐고 물을 때, 과거 피난 현장으로 넘어가 막순에게 손을 꼭 잡으라고 당부하는 장면으로 전환되면서 1950년대 흥남철수 이야기가 시작된다.

• 장면 전환 2 (과거→현재)

어린 덕수는 부산에서 가난한 유년시절을 보낸다. 고달픈 구두닦이
일을 함께하며 이제 막 친구가 된 어린 달구와 극장 앞에 앉아 쉬면
서 고향을 떠올린다. 이때 옛날 극장이 현대식 멀티플렉스로 바뀌면
서 시점이 현재로 전환되고 덕수가 나이 든 달구와 대화하는 장면으
로 연결되어 다시 현재의 이야기가 이어진다.

• 장면 전환 3 (현재→과거, 1963년 가을)

현재의 달구는 덕수에게 가게(꽃분이네)를 처분하라고 종용하지만 덕
수는 버럭 화를 낸다. 이때 그들 앞에서 젊은 학생들이 외국인 커플
을 비하해 학생들과 외국인 커플 사이에 싸움이 벌어진다. 덕수는 외
국인 노동자에게 감정이입하면서 학생들을 훈계하다가 밀쳐져 길바
닥에 쓰러진다. 자연스럽게 과거 고시학원에서 쫓겨나 길바닥에 내
동댕이쳐지는 청년 덕수의 모습으로 전환되면서 1960년대 파독광부
이야기가 시작된다.

• 장면 전환 4 (과거→현재)

파독광부 생활을 마친 덕수는 뒤따라 귀국한 영자와 결혼한다. 결혼
식 피로연에서 신부 영자는 노래 〈노오란 샤쓰의 사나이〉를 부른다.

이때 같은 노래를 흥얼거리며 시장으로 들어오는 노년의 영자로 연결되면서 다시 현재 이야기가 이어진다.

• 장면 전환 5 (현재→과거, 1973년 가을)

노인 덕수는 시장에서 모처럼 영자와 대화를 나눈다. 나훈아가 좋다는 영자에게 가수라면 남진이 최고라고 고집을 피우며 먼저 자리를 뜬다. 시장을 걸어 나가는 짜증난 노인 덕수의 모습과 반대편에서 해양대 합격 통지서를 들고 시장 안으로 뛰어 들어오는 30대 덕수의 모습이 중첩되면서 1970년대 베트남전쟁 파병 이야기가 시작된다.

• 장면 전환 6 (과거→현재)

베트남전쟁에서 돌아온 덕수는 꽃분이네 상점을 인수하고 여동생 끝순을 결혼시킨다. 결혼식장에서 온 가족이 단체 사진을 찍는 장면이 그 결혼식 사진을 함께 보면서 옛날 이야기를 하는 노인 덕수의 가족 모임 장면으로 전환되면서 현재 이야기가 이어진다.

• 장면 전환 7 (현재→과거, 1983년 여름)

가족 모임에서 꽃분이네를 팔자는 자식들의 요구에 못마땅해진 노인 덕수는 홀로 방으로 들어가 꽃분이네에서 기다리라는 흥남철수 당시 아버지와의 약속을 회상한다. 회상 속에서 마을이 폭파되는 장면과 텔레비전에서 방영 중인 자료 화면(전쟁 공습 장면)이 중첩되면서 마침

텔레비전을 보고 있는 40대 덕수의 모습으로 1980년대 이산가족찾기 특별생방송 이야기가 시작된다.

• 장면 전환 8 (과거→현재)

덕수는 KBS 이산가족찾기 특별생방송을 통해 극적으로 로스앤젤레스에 있는 여동생 막순과 상봉한다. 막순의 가족이 귀국하여 모처럼 온 가족이 행복한 시간을 보낸다. 이때 덕수의 내레이션이 깔린다. 어머니는 막순과 재회 후 돌아가시고 아버지는 끝내 만날 수 없었다는 덕수의 음성을 타고 장면이 전환되면서 어머니 제삿날의 가족 모임으로 돌아와 현재의 이야기가 마무리된다.

이처럼 〈국제시장〉은 현재와 과거, 과거와 현재의 시차를 두고 가족 연결, 친구 연결, 유사행동 연결, 동일 노래 연결, 덕수의 개인 감정 연결, 사진 연결, 유사 액션 장면 연결, 내레이션 연결 등 다양한 연결 고리와 절묘한 장면 전환 기법을 활용하여 아홉 개의 이야기 조각을 하나의 이야기로 무리 없이 자연스럽게 연결시킨다.

결국 이 영화는 주인공 덕수가 흥남부두에서 아버지와 헤어질 때 한 약속, 그 약속을 평생 지키는 일이 바늘과 실이 되어 흩어져 있는 단편 조각들을 하나의 통일된 플롯으로 바느질한 결과물이다. 윤제균 감독은 제작 과정에서 이야기 조각들의 연결 지점에 각별히 심혈을 기울였다. 덕분에 관객은 이질감 없이 잘 엮인 덕수의 생애를 진정성과 신빙성이 있는 이야기로 받아들일 수 있게 된다.

　이러한 〈국제시장〉의 스토리 디자인은 관객에게 감동을 전하기 위해서는 세밀한 부분까지 철저하게 완성도를 높여야 한다는 점을 실증적으로 보여준다. 결론적으로 이 영화는 대중영화에서 절대적으로 중요한 플롯 관통선을 놓치지 않았고, 그 결과 아홉 개로 분절된 이야기 조각들이 플롯 관통선을 따라 마법처럼 물 흐르듯이 연결되면서 감동적인 영화로 수려하게 완성된다.

플롯 관통선에 담긴 의미

　그렇다면 덕수의 생애를 섬세한 바느질로 꿰맨 플롯을 통해 〈국제시장〉이 전하고자 한 이야기는 과연 '아버지'에 관한 이야기가 맞을까? 이 무슨 뜬금없는 소리인가? 윤제균 감독이 직접 밝혔다시피 자신의 아버지 이야기에서 모티브를 얻어 영화를 제작한 것인데, 심지어 덕수와 영자라는 이름은 윤 감독의 아버지와 어머니의 실명이라고 한다. 아버지로부터 시작되었으니 당연히 아버지 서사가 맞지 않을까? 그런데 〈국제시장〉의 스토리텔링은 아버지 서사를 따르지 않는다. 아버지와 자식 간의 관계나 부정父情에 초점을 맞춘 이야기가 아니라는 뜻이다.

그럼 무엇에 관한 이야기란 말인가? 우선 주인공 윤덕수를 중심으로 가족 구성원을 살펴보면 아버지, 어머니, 세 동생과 함께 매제들과 제수가 있다. 그리고 아내 영자와 자식들, 며느리, 사위에다가 손자, 손녀 들까지 대가족이 모두 한 영화에 등장한다. 한 인물의 평생을 다루다 보니 어찌 보면 당연한 일이다. 그런데 〈국제시장〉은 덕수를 아버지로 그리는 데에는 큰 관심이 없다. 그와 자식 간의 관계를 깊게 다루지도 굳이 부정을 강조하지도 않는다. 더군다나 자식과 자손 들은 몇 명이고 며느리와 사위가 누구인지조차 알 필요가 없을 정도로 그리 비중 있게 그려지지 않는다. 덕수의 아버지조차도 아들과의 관계나 부정을 드러내기보다는 어릴 때 잠깐 등장해 주인공에게 사명을 부여하는 존재로만 기능한다.

결국 서사의 핵심은 덕수가 자신의 아버지를 대신해서 '가장 노릇'을 하는 데에 있다. 이는 자신의 친자식들을 위해 기꺼이 희생하는 아버지 서사의 주관적 상투성을 뛰어넘게 만든다. 즉 덕수가 아버지와의 약속을 지키기 위해 가장의 역할을 떠맡고 평생을 헌신한다는 〈국제시장〉의 플롯 관통선은 주인공을 굴곡이 많았던 근현대사를 살아낸 우리 사회 기성세대의 상징으로 세워 관객들 각자의 아버지로, 그들의 가장으로 확대 해석이 가능하도록 한다. 플롯 관통선 자체에 보편성이 실려 있다는 뜻이다. 이게 바로 〈국제시장〉이 관객들의 공감과 감동을 폭넓게 확산시킨 비결이고, 영어 제목인 〈Ode to My Father아버지에게 바치는 송가〉가 의미심장하게 들리는 이유다.

결과적으로 〈국제시장〉은 감독 자신의 아버지에게서 사적으로 출발했지만 한국의 역사를 관통하며 살아온 우리 아버지를 상징적으로 표현하는 데에 성공한 것이다. 그래서 관객들은 덕수의 삶을 보면서 저마다 자신의 아버지를 연상하거나 그가 짊어져야만 했던 가장의 무게와 역할에 깊게 공감할 수 있다. 감독의 이야기가 관객 각자의 이야기로 전환된 것이다. 이게 바로 특수성에서 시작해 보편성을 만들어내는 스토리텔링의 본질이다.

아리스토텔레스의 조언을 비틀면서 한 인물의 생애를 다룬 〈국제시장〉의 용기 있는 도전은 수려한 장면 전환으로 장인의 세공을 보여줌과 동시에 덕수라는 롤 모델을 통해 보편적인 아버지상을 상징적으로 그림으로써 공감과 감동의 서사로 마무리된다. 자칫 복잡해 보이는 이 모든 설정을 성공적으로 완성시킨 결정적인 비결이 플롯 관통선을 찾아낸 것이란 점을 다시 한번 강조하고 싶다. 서사에서 플롯 관통선은 이야기 전체를 하나로 엮어주는 중추적인 역할을 한다. 관통선 자체가 이야기의 중심축이다. 결국 이야기의 모든 요소는 반드시 플롯 관통선을 따라 유기적으로 연결되어야 한다.

　모든 이야기는 추구의 형식을 가진다.

—로버트 맥키

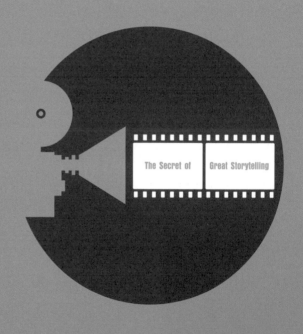

The Secret of Great Storytelling

결국 스토리텔링은

우여곡절 끝에 생기는 변화를 담는 일이다.

변화는 플롯의 필수 요건이다.

스토리의 시작인 도입부에서

주인공에게 주어진 상태, 상황, 존재의 조건 등이

스토리의 끝인 결말부에서는

반드시 변화해야 한다.

시퀀스 ⑤ 캐릭터 아크

이야기 속에 반드시 변화를 담아라

변호인 ────────────────

관객 1137만 명

개봉 2013.12.18 **등급** 15세 관람가 **장르** 드라마 **러닝타임** 127분

감독 양우석 **출연** 송강호, 김영애, 오달수, 곽도원, 임시완 등

줄거리 1980년대 초, 돈도 없고 가방끈도 짧은 법조인 송우석은 고졸 출신이라는 꼬리표 때문에 결국 판사직을 내려놓는다. 부산으로 내려가 변호사 사무실을 차린 그는 부동산 등기부터 세금 자문까지 남들이 뭐라든 탁월한 사업수완으로 승승장구하며 돈 잘 버는 변호사로 이름을 날리기 시작한다. 대기업 건설사의 스카우트 제의까지 받으며 전국구 변호사 데뷔를 앞두고 있던 어느 날, 7년 전 밥값 신세를 지며 정을 쌓은 국밥집 아들 진우가 뜻밖의 사건에 휘말려 재판을 앞두고 있다는 소식을 듣는다. 진우 어머니의 면회를 돕기 위해 함께 찾은 구치소에서 믿기 힘든 충격적인 모습의 진우를 본 송우석은 모두가 회피하기 바빴던 이 사건의 변호를 맡기로 결심하는데….

주인공과 맞서는 대립 세력이 강력하고 복합적일수록 주인공
과 이야기는 더 완벽하게 구현될 수밖에 없다.

– 로버트 맥키

〈변호인〉을 생각하면, 가장 먼저 떠오르는 것이 정현수
음악감독의 엔딩 테마곡 〈99인의 변호인〉이다. 주인공 송
우석의 복합적이면서 섬세한 표정과 겹쳐지는 이 곡은 영
화를 오래도록 기억하게 만드는 힘이 있다. 지금도 귓가에
맴돈다. 음악과 함께 강한 인상을 남긴 〈변호인〉은 2010년
대 우리 사회를 관통하면서 다양한 화제와 첨예한 논란을
불러일으켰다. 실로 영화의 영향력과 파급력을 실감하게
했던 작품이다.

당시 신생 투자배급사였던 NEW는 〈변호인〉의 흥행 성공
으로 오랫동안 영화 업계 '빅3' 투자배급사로 불렸던 대기
업 계열의 CJ엔터테인먼트, 쇼박스, 롯데엔터테인먼트를 제

치고 국내 최고의 한국영화 투자배급사의 위치에 우뚝 서면서 명실상부한 메이저 배급사의 반열에 올랐다. 이는 콘텐츠의 힘이 영화 비즈니스의 핵심이라는 걸 여실히 증명해 준 사건이기도 하다.

〈변호인〉의 주연을 맡은 배우 송강호는 2013년에 개봉한 세 편의 출연작으로 약 3천만 명의 관객을 동원하는 전무후무한 기록을 남기고 연기 커리어의 정점을 찍었다. 그 세 편의 영화는 8월 1일에 개봉한 봉준호 감독의 〈설국열차〉(935만)와 9월 11일에 개봉한 한재림 감독의 〈관상〉(913만) 그리고 12월 18일에 개봉한 양우석 감독의 〈변호인〉(1137만)인데, 고작 6개월 안에 벌어진 일이라 더욱 놀라운 업적이 되었다.

무엇보다도 영화를 둘러싼 정치적인 논란이 가장 시끌시끌했다. 박근혜 정부가 들어서면서 영화를 좌와 우로 나누어 매도하는 일이 발생한 것이다. 이런 논란의 중심에서 기폭제 역할을 한 작품이 바로 〈변호인〉이다. 아마도 정치인 노무현을 모티브로 제작한 영화의 숙명이 아니었을까 하는 생각이 든다. 좌파 영화의 표상이 된 〈변호인〉과 함께 소환된 영화도 있다. 추창민 감독의 천만영화 〈광해, 왕이 된 남자〉다. 이 작품 역시 좌파 영화로 분류되었다. 2012년 개봉 당시 문재인 대선 후보가 한 시사회에서 〈광해, 왕이 된 남자〉를 보고 눈물을 닦는 사진이 언론에 공개되었고, 이후 자신의 페이스북을 통해 영화의 마지막 장면에서 고故 노무현 전 대통령의 얼굴이 저절로 떠올랐다는 글을 게재했기 때문이다.

당시 CJ그룹은 두 영화와 관련이 있다는 이유로 졸지에 좌파 성향의 기업으로 낙인찍히는 지경에 이르렀다. 〈변호인〉을 제작하고 투자배급한 회사는 따로 있고 CJ엔터테인먼트와는 전혀 무관했지만, CJ그룹 계열의 회사 CJ창업투자가 이 영화의 제작비 일부를 지원하는 여러 부분투자사 중의 하나로 참여한 것이 빌미가 되었다.

한편 〈변호인〉이 종영된 지 약 6개월 후, 2014년 여름에 개봉한 〈명량〉과 그해 겨울에 개봉한 〈국제시장〉은 우파 영화로 분류되는 분위기가 있었는데, 아이러니하게도 이 두 영화는 모두 CJ엔터테인먼트가 직접 투자배급한 영화다. 그렇다면 이번에는 CJ그룹이 우파 성향의 기업이 되는 건가? 지금 생각해 보면 어처구니가 없는 일이지만, 그땐 심각한 문제였다. CJ엔터테인먼트는 단지 경영적인 판단에 따라 한국영화에 꾸준히 투자하고 배급한 것인데 말이다. 영화는 그저 영화일 뿐이다.

굳이 정치 이야기를 하려는 게 아니다. 이런저런 논란으로 정작 〈변호인〉이 왜 흥행할 수 있었는지, 어떻게 관객의 마음속을 파고들었는지에 대한 논의가 제대로 이뤄지지 않고 덮이는 것 같아 많이 안타까웠다. 그래서 〈변호인〉의 스토리텔링의 핵심을 제대로 파헤쳐 보고 싶었다. 순수하게 영화 속의 이야기가 어떻게 관객에게 다가갔는지 짚어보고자 한다. 개인적으로 〈변호인〉을 천만영화의 시나리오 중에서도 수작으로 꼽기 때문이다.

입체적 캐릭터의 효용

20세기 영국 문학을 대표하는 소설가 E.M. 포스터E.M. Forster는 1927년 "우리는 인물을 평면적 인물flat character과 입체적 인물round character로 나눌 수 있다. 17세기에는 평면적 인물을 기질이라고 했고, 어떤 때는 유형이라고 했고, 어떤 때는 희화戲畵라고 했다. 가장 순수한 형태로는 단일한 개념이나 성질을 중심으로 인물들이 구성된다. 이 중에 하나 이상의 요인이 있으면 입체로 향하는 곡선이 시작되는 것이다"[16]라고 말했다. 이후 한 세기 가까이 평면적 인물과 입체적 인물이라는 개념은 영화를 포함해 서사를 다루는 거의 모든 매체에서 캐릭터를 개발하고 분석하는 데에 여전히 유용하게 활용되고 있다.

평면적 인물은 단순하고 얕은 캐릭터를 말한다. 일차원적인 인물일 수 있다. 캐릭터 기질trait이 다양하지 않고 한두 가지 특징만 있는 인물이다. 그러다 보니 평면적 인물은 전형적인 경우가 많고 인물 자체에 사연이 거의 없어, 예측 가능한 범주에 머무른다. 반면에 입체적 인물은 복합적이고 깊은 캐릭터를 말한다. 다차원 인물일 수 있고, 다양한 캐릭터 기질을 지닌 인물이다. 그래서 입체적 인물은 개성적인 경우가 많고 인물 자체에 사연이 많아, 예측불허가 될 수도 있다. 이렇듯 캐릭터를 두 가지 유형으로 구분지어 설명할 수는 있지만, 이분법적으로 단순화하기보다는 인물의 성향이 어느 쪽에 얼마나 더 가까운지 유연하게 해석하는 것이 캐릭터를 보다 깊게 이해할 수 있는 방법이다.

앞서 살펴본 영화들에 이를 적용해 보면 〈도둑들〉에서 마카오박, 팹시, 뽀빠이, 예니콜 등은 입체적 계열의 인물이고 씹던껌, 잠파노, 앤드류, 첸, 줄리, 조니 등은 평면적 계열의 인물로 볼 수 있다. 〈광해, 왕이 된 남자〉에서는 하선, 도승지, 중전, 사월 등이 입체성을 띠는 캐릭터들이고 광해, 조내관, 도부장, 박충서 등은 다소 평면적인 캐릭터들이다. 〈명량〉에서 입체적 성향을 보이는 캐릭터는 이순신, 준사(오타니 료헤이), 구루지마, 와키자카 등이 있고 아들 이회, 안위, 임준영(진구), 준영의 아내(이정현) 등은 평면적 성향의 캐릭터로 볼 수 있다. 〈국제시장〉에서는 덕수, 영자, 달구 등이 입체적인 방향으로 설계된 인물이고 아버지, 어머니, 고모, 여동생, 남동생 등이 평면적인 방향으로 구축된 인물이라 할 수 있다.

이와 같이 보통 영화에 등장하는 캐릭터들은 평면성과 입체성 사이 스펙트럼의 어딘가에 위치하는데, 그중에도 특히 주인공의 입체성을 가장 크게 설정하는 것이 일반적이다. 입체성이 클수록 관객의 이목을 집중시키고 플롯의 중심에 세우는 것이 유리하기 때문이다. 〈도둑들〉의 마카오박, 〈광해, 왕이 된 남자〉의 하선, 〈명량〉의 이순신, 〈국제시장〉의 윤덕수 등이 모두 각각의 영화에서 입체성이 가장 큰 인물이다. 그들이 주인공이고 그런 입체적 캐릭터성이 중요했던 영화이기 때문이다.

물론 모든 주인공이 반드시 입체적 인물이어야 하는 것은 아니다. 때론 영화의 성격에 따라 평면적 인물이 훌륭하게 주인공 역할을 수행할 수도 있다. 특히 액션이나 코미디 위주의 영화에서는 의도적으로 주인공을 평면적 인물로 내세워 장르적 쾌감을 해치지 않도록 하기도 한다.

한편 주인공 못지않게 주변인물의 입체성을 강조하여 극적 긴장감을 고조시키는 경우도 있다. 예를 들면, 조나단 드미 감독의 미국 아카데미 작품상 수상작 〈양들의 침묵〉의 한니발 렉터(안소니 홉킨스)와 크리스토퍼 놀란 감독의 영화 〈다크 나이트〉의 조커(히스 레저)가 그런 경우다. 그 결과 한니발과 조커는 주인공보다도 더 인상적인 캐릭터로 남았다. 하지만 작가는 주인공 이외의 캐릭터를 입체적 인물로 배치할 때, 자칫 이야기의 중심이 그 캐릭터로 옮겨져 전체 스토리의 균형이 깨질 수도 있다는 점에서 신중할 필요가 있다.

그렇다면 이제 〈변호인〉의 등장인물을 살펴보자. 평면적 인물에 가까운 캐릭터로는 송우석의 아내, 기자 친구, 공판 검사(조민기), 재판장(송영창), 선배 변호사, 공동 변호인, 해동건설 후계자 등을 들 수 있다. 입체적인 성향을 보인 캐릭터로는 다소 정도의 차이는 있으나 경감 차동영(곽도원), 대학생 진우, 진우 어머니, 사무장, 그리고 변호사 송우석 등을 꼽을 수 있다.

이들 중에서도 단연 주인공 송우석이 이론의 여지가 없이 완벽한 입체적 인물의 면모를 보여준다. 먼저 송우석은 사연이 많은 인물이다. 젊은 시절 가난했고 학력은 고졸이다. 우여곡절 끝에 사법고시에 합격하여 당당하게 판사가 된다. 하지만 고졸이라는 이유로 주류 집단으로부터 배척당해 판사직을 그만두고 고향 부산으로 돌아와서 변호사 사무실을 개업한다. 이처럼 캐릭터 자체에 부여된 다채로운 과거의 서사는 입체적 인물을 만드는 데에 기초가 된다.

시나리오 창작 과정에서 캐릭터 개발을 목적으로 영화 시작 시점 이전에 해당 인물의 삶을 작가가 별도로 정리하는 경우가 있는데, 이것을 인물 전기character biography라고 부른다. 인물 전기는 인물이 탄생부터 영화가 시작되기 직전까지 어떻게 살아온 사람인지를 기술해 보는 작업이다.

작가는 인물 전기를 쓰면서 그 캐릭터에 여러 가지 과거 사연backstory을 부여할 수도 있다. 이는 캐릭터를 깊게 탐구하는 창작 도구로서 입체적이고 매력적인 캐릭터를 개발하는 데에 큰 도움이 된다. 만약 〈변호인〉의 주인공처럼 실존 인물을 바탕으로 한 캐릭터라면 인물 전기의 상당 부분이 자동으로 주어져 캐릭터 개발에 유리한 측면이 있다.

이렇게 형성된 주인공 송우석의 캐릭터는 마치 〈변호인〉의 영혼과도 같다. 그의 캐릭터는 영화가 진행되면서 점진적으로 드러난다. 그는 평소 따뜻한 사람이지만 법과 원칙 앞에서는 냉철한 태도를 보이며, 소신을 포기하지 않고 끝까지 밀어붙이는 성품이다. 사법고시를 당당하게 패스해 법조인이 되었지만 고졸 학력에 열등감을 지닌 인물이다. 비록 학력은 뒤지지만 누구 앞에서도 당당하게 맞서는 자신감을 동시에 가지고 있는 인물로도 그려진다. 자세히 보면, 송우석은 다양한 캐릭터 기질을 지니면서도 모순적인 특징을 동시에 가지고 있다는 걸 확인할 수 있다. 송우석은 따듯하면서 냉철하고, 고졸 출신의 법조인이고, 열등감이 있지만 매사에 자신감이 넘치는 다차원 캐릭터다.

게다가 송우석은 스토리가 진행되면서 다층적인 갈등과 마주한다. 경감 차동영과 법정으로 상징되는 공권력에 정면으로 맞서는 환경적 갈등, 변호사 사회에서 따돌림을 당해 겪게 되는 사회적 갈등, 기자 친구나 국밥집 가족과의 의견 충돌로 묘사되는 개인적 갈등, 현실과 이상 사이의 내면적 갈등까지 모두 안고 헤쳐나가는 복합적인 캐릭터다.

다시 말해 캐릭터에 사연이 더해지고 다양한 기질을 부여받은 송우석은 다차원적 특징을 보이면서 캐릭터의 입체성이 극대화된 인물이다. 관객은 완벽한 입체적 인물인 송우석의 매력에 빠지면서 깊이 감정이입하게 된다. 그리고 주인공 송우석은 이야기가 펼쳐짐에 따라 다층적인 갈등을 겪으면서 성장하고 변화하는데, 바로 이런 인물의 변화와 성장 과정을 '캐릭터 아크character arc'라 부른다. 속물 변호사에서 인권 변호사로, 인권 변호사에서 사회 운동가로 진화를 거듭하는 송우석의 캐릭터 아크 자체가 〈변호인〉의 주제이자 관객들의 감동을 폭넓게 확산시킨 비결의 핵심이다.

결론적으로 작가는 이야기의 성격이나 방향에 따라 주인공 캐릭터의 입체성 정도를 설정해야 하는데, 〈변호인〉처럼 주인공의 캐릭터 아크가 핵심인 이야기에서는 주인공을 충분히 입체적인 캐릭터로 만들 필요가 있다. 감동적인 캐릭터 아크는 입체적인 캐릭터가 바탕이 되어야 한다.

캐릭터 아크와 주제

흔히 캐릭터, 플롯, 주제를 스토리텔링의 3요소로 일컫는다. 캐릭터와 플롯을 통해 주제를 관객에게 전달하고 설득하는 것이 바로 스토리텔링이기 때문이다. 여기서 주제란 작가가 전하고 싶은 메시지이자 스토리의 궁극적인 의미다.

그래서 영화에도 저마다의 주제가 실리고 이는 다양한 방법으로 표현된다. 캐릭터를 활용하거나 설정으로 보여주거나 모티프와 상징, 대사 등을 통해서도 주제가 전달될 수 있다. 예를 들면, 〈기생충〉에서는 기택네 가족의 반지하 집과 박사장 가족의 언덕 위 호화로운 저택을 수직적으로 대비시키는 공간적 배경을 통해 신분과 계급의 격차를 비유하며 주제를 드러낸다. 〈도둑들〉은 다이아몬드 '태양의 눈물'을, 마블의 〈어벤져스: 인피니티 워〉와 〈어벤져스: 엔드게임〉은 '인피니티 스톤'을 인간의 욕망을 상징하는 모티프로 사용해 주제를 강화시켰고, 〈타이타닉〉은 목걸이 '대양의 심장'을, 이환경 감독의 천만영화 〈7번방의 선물〉은 애니메이션 캐릭터 '세일러문'을 영화의 주제가 더욱 선명하게 전달되도록 모티프로 사용했다. 〈변호인〉에서는 주인공 송우석의 성장과 변화의 과정인 캐릭터 아크가 주제 그 자체인데, 그가 법정에서 웅변하는 "대한민국 주권은 국민에게 있고 모든 권력은 국민으로부터 나온다. 국가란 국민입니다"라는 대사는 주제를 강조하는 역할을 한다.

작가가 스토리를 통해 진정으로 하고 싶은 말, 즉 이야기의 주제에는 보통 어떤 가치가 담긴다. 대개 사랑, 자유, 용기, 진실 등 인간이 보편적으로 소중하다고 여기는 가치 중에 하나를 중심에 두고 궁극적인 주제가 표현되는데, 이야기 전체에 걸쳐 핵심가치가 변화하는 방식으로 메시지가 전해지거나 의미가 부여된다. 그렇다면 〈변호인〉에서는 어떻게 서사를 통해 주제가 전달되는지 살펴보자.

〈변호인〉에서 강조하는 핵심가치는 '정의justice'다. 영화는 송우석을 주인공으로 내세우고 그를 둘러싼 세상을 그리면서 정의라는 가치가 가장 소중하다고 역설하고 관객들에게도 정의가 중요한 가치로 자리 잡기를 바란다. 그러나 세상에서 정의가 제일 소중하다는 것을 그저 주장만 하고 강조한다고 해서 관객이 공감하거나 설득되는 것은 아니다. 작가의 생각이나 의견을 역설하는 것만으로는 스토리의 목적을 달성할 수 없다. 작가가 주장하는 가치와 대립하는 반대 세력의 가치를 대비시키면서 최종 결론에 도달할 때, 그 주장은 설득력을 갖게 된다. 마치 정반합正反合의 과정으로 결론에 이르는 변증법처럼 말이다. 또한 반대 세력이 내세우는 대립가치는 주인공과 부딪치며 주인공의 이야기를 엎치락뒤치락 반전시키면서 지적으로 흥미진진하고 감정적으로 흡인력 있게 만드는 역할을 한다. 이게 바로 스토리텔링의 작동 원리다.

정의의 대립가치는 '불의injustice'다. 〈변호인〉은 핵심가치인 정의와 대립가치인 불의를 충돌시키는 전개를 보여주고, 그 승부를 통해 궁극적으로 하고 싶은 이야기를 전달하려 한다. 대부분의 범죄영화 장르에서 정의의 사도인 주인공과 불법을 자행하는 반동인물antagonist의 대결을 통해 관객에게 재미와 의미가 전달되도록 하는 것처럼 말이다.

보글러는 "양극에 의한 대립은 스토리에서 유용한 도구이며, 현실을 조리 있게 보여주는 실용적인 방식이다. 그러나 꽤나 복잡해야 할 상황마저도 과도하게 단순화하면 잘못 사용하는 것이다. 오늘날의 관객은 매우 똑똑해서, 양극화된 대립의 스토리를 즐기긴 하지만 등장인물과 스토리를 더 현실처럼 느끼게 할 만한 미묘한 차이의 뉘앙스와 상충되는 모순을 더 좋아하기도 한다"[17]라고 말한다. 이에 〈변호인〉은 정의 대 불법의 단순하고 이분법적인 대결만으로 서사를 진행하기보다 대립가치를 세분하고 단계적으로 충돌시키면서 입체적인 서사에 도전한다.

〈변호인〉의 이야기를 자세히 들여다보자. 영화는 정의 중에서도 특히 합법이냐 불법이냐를 다루는 사법적인 정의를 주로 다룬다. 합법적인 원칙을 주장하는 주인공을 정의 쪽에 놓고 그와 맞서는 불법 집단을 대립 세력에 위치시킨다. 그런데 여기서 정의와 불법의 단순 대결에 그치지 않고 대립 세력의 양상을 파고들어 대립가치를 세분화하는 시도를 한다. 극 중 비주류인 송우석이 마주하는 대립 세력은 주류 사회와 공권력인데, 이는 세 단계로 세분화되어 순차적으로 주인공과 충돌한다.

영화 초반, 송우석은 고졸 출신이란 이유로 주류 집단에 밀려 판사직에서 물러난다. 그 후 고향에서 변호사 개업을 하는데 주변 변호사들에게 멸시를 받고, 변호사의 부동산 등기 업무가 합법임에도 불구하고 사법서사들의 항의를 받는 등 억울한 상황에 처한다. 여기서 주인공이 첫 번째로 마주한 대립가치는 부당함 또는 불공정unfairness이다.

이후 영화 중반, 국밥집 아들 진우의 체포, 감금, 고문과 재판에 이르는 과정에서는 정의의 반대가치인 불법과 정면 충돌한다. 이런 경우 대개의 영화는 불법과 맞서 싸워 승부를 내는 것으로 마무리되는 편인데, 〈변호인〉은 여기에서 머물지 않고 한 단계 더 치고 나간다. 법정에서 피고 진우에게 가해진 불법적인 만행을 밝혀 무죄 입증에 성공하면서 송우석의 승리가 확실시되는 순간, 정권의 힘을 업은 검사와 재판장은 무죄의 결정적 증거를 일방적으로 무력화시킨다. 불법보다 더 강력한 대립가치가 주인공을 압박한다. 바로 법 위에 군림하는 공권력의 횡포가 송우석을 제압한 것이다. 이런 대립가치의 극단을 '부정의 부정the negation of the negation'이라고 한다.

맥키는 "부정의 부정이란 인생의 상황이 양적으로만이 아니라 질적으로도 악화되는 복합적인 부정을 말한다. 인간 본성의 어두운 힘이 닿을 수 있는 한도가 부정의 부정이다. 정의의 측면에서 보자면 전횡tyranny이 이런 상태다. 또는 사회적 정치와 개인적인 정치에 고루 어울리는 표현으로 바꾸자면 '힘이 곧 정의'가 되는 상태다"18라고 정의한다.

송우석은 사회의 부당함에 굴하지 않고 사법적인 정의를 믿으면서 법정 투쟁으로 국가권력의 불법 행위를 밝히려 했으나 부정의 부정, 즉 공권력의 전횡 앞에 무기력하게 패퇴하고 진실은 덮인다. 주인공의 시련을 복합적인 부정을 통해 극단까지 고조시킨 것이다. 또한 만약에 영화가 여기서 이대로 끝나버린다면, 관객은 무력감을 안고 답답한 심정으로 극장 문을 나서야 했었을 것이다. 주인공이 더 좋은 세상을 만들기 위해 애썼지만 결국 실패했다는 암울한 결말의 이야기라면 대중영화로서는 좋은 점수를 받기 어렵다.

그러나 〈변호인〉의 이야기는 여기서 또 한 걸음 더 치고 나간다. 송우석은 사법적 테두리 안에서 최선을 다해 싸우지만 안타깝게도 무도한 공권력 앞에 좌절한다. 그러나 우리의 주인공은 법정에서 아무것도 바꿀 수 없다는 현실에 굴하지 않고, 이제 몸소 거리로 나가 시위를 주도하며 국가 권력에 직접 맞서는 선택을 한다. 기업 고문 변호사 자리마저 거절하며 변호사로서의 돈벌이와 출세를 모두 포기하고 바보 같이 어려운 길을 자처한다. 송우석은 결국 자신의 경제적 이익에 급급하던 속물 변호사에서 인권 변호사로, 사회 운동가로 진화를 거듭하고 정의를 위해 끝까지 싸우는 캐릭터로 바뀌면서 영화가 끝난다.

종합해 보면 〈변호인〉은 실화를 바탕으로 이야기의 진정성을 유지하면서도 송우석의 변화와 성장을 보여주고, 끝까지 진정한 정의를 위해 싸우는 주인공의 모습으로 마무리된다. 정의라는 가치가 재차 강조되는 매력적인 결말이다. 이런 주인공의 변화 과정을 통해 관객으로 하여금 정의가 정말 소중한 가치라는 걸 새삼 깨닫게 만들어준다. 법정 드라마 속 승리의 쾌감보다 훨씬 더 깊은 공감과 감동을 느끼게 해준다. 그게 바로 〈변호인〉의 주제다.

〈변호인〉은 정의의 대립가치가 단순히 불법이라는 이분법적인 접근을 넘어 불법 이전에 부당함과 불공정, 그리고 불법 이후에는 전횡이라는 부정의 부정으로 세 단계(부당-불법-전횡)에 걸쳐 주인공을 극단까지 밀어붙인다. 인간이 겪을 수 있는 경험의 한계를 시험하고 갈등을 깊게 파면서 주인공의 캐릭터 아크가 선명하게 부각되도록 한 것이다. 특히 시련을 극단까지 밀어붙이는 부정의 부정은 주인공이 변화하는 결정적인 계기가 되고 주인공 캐릭터의 본성이 극적으로 달라지면서 이전과 전혀 다른 사람이 되도록 한다. 그 결과 정의라는 가치가 관객에게 더욱 강렬하고 감동적으로 다가온다.

결론적으로 송우석은 세상의 온갖 부당함뿐만 아니라 사법 체계 위에 군림하는 권력과도 몸소 맞서 싸움으로써 단순하게 법적 시비를 가리는 것을 뛰어넘어 어떠한 불의에도 맞서 저항하는 진정한 정의를 구현할 인물로 받아들여진다. 이 점이 〈변호인〉을 천만영화로 만든 결정적 요인이다. 그래서 영화 제목이 '변호사'가 아니고 '변호인'인 것은 의미심장하다. 주인공이 직업적인 변호사에서 언제나 정의의 편에서 싸우는 변호인이 되는 이야기이기 때문이다.

캐릭터 성장과 플롯 패턴의 시너지

결국 스토리텔링은 우여곡절 끝에 발생하는 변화를 담는 일이다. 변화는 플롯의 필수 요건이다. 스토리의 시작인 도입부에서 주인공에게 주어진 상태, 상황, 존재의 조건 등이 스토리의 끝인 결말부에서는 반드시 변화해야 한다. 어떤 스토리가 이런 변화를 담지 못한다면 플롯이 없다는 것이고, 플롯이 없다는 건 작가의 의견이나 주장하는 바가 없다는 뜻이다. 작가의 의견이나 주장이 없다는 것은 관객과 소통하고 관객을 설득하고자 하는 의도가 없다는 의미이기도 하다.

관객과 소통하고 관객을 설득한다는 것은 작가가 강조하고 싶은 주제나 메시지를 일방적으로, 때론 교조적으로 영화를 통해 역설해야 한다는 뜻이 아니다. 작가는 그저 어떤 인물을 내세워 그(녀)가 겪는 일들을 단계적으로 나열해서 보여주고 그런 일련의 사건들을 겪고 난 후 절정을 거쳐 그(녀)의 변화를 결말로 삼아 관객에게 제시할 것뿐이다. 예를 들면, 류승완 감독의 천만영화 〈베테랑〉은 형사 서도철(황정민)이 사는 세상에 범죄가 발생하고, 재벌 3세 조태오(유아인)를 체포하며 끝난다. 도입부에서 그려졌던 범죄로 인한 불법적인 세상이 결말부에서 범인을 단죄함으로써 정의로운 세상으로 바뀐다. 위험한 세상이 주인공에 의해 안전한 세상으로 바뀐 것이다. 이게 우리가 사는 세상에서 정의가 중요하고, 정의는 꼭 승리한다는 메시지를 전달하는 방식이다. 관객은 결말에 이르러 마주한 변화에 카타르시스를 느끼기도 하고, 그 변화에 담긴 의미에 공감하고 감동한다.

이런 변화는 결코 저절로 나오는 것이 아니라, 작가가 의도와 목적을 가지고 관객의 공감과 감동을 유도하기 위해 스토리에 심어 넣어야 한다. 이건 주제나 메시지를 직접적으로 설명하는 것과는 다르다. 작가는 스토리 안에 변화를 상정해 그 변화에 담긴 의미를 관객에게 간접적으로 전달하면서 동의를 구하는 것이고, 관객이 동의한다는 건 작가의 의도나 생각에 설득된다는 뜻이다. 이때 관객이 작가의 의도에 동의하고 끄덕거리는 것이 공감이고, 그 변화와 그에 담긴 의미로 인해 관객 자신도 변화를 맞는 것이 감동이다.

감동이라는 관객 스스로의 변화는 몸에서 직접 감지될 수도 있고 마음속에서 일어날 수도 있다. 좋은 영화를 보면 웃음이 터지기도 하고, 눈물을 쏟기도 하고, 가슴이 먹먹해지기도 한다. 또한 관객은 저마다 자신의 인생을 반추해 보기도 하고, 잊고 있었던 소중한 가치를 되새겨 보기도 하고, 새로운 각오를 다지기도 하고, 보다 성숙한 인간이 되는 계기로 삼기도 한다.

스토리텔링이란 작가가 인간에 대한 의견, 사회에 대한 주장, 삶의 소중한 메시지 등을 변화를 통해 간접적으로 플롯이라는 그릇에 담아내는 일이다. 결국 스토리텔링은 소통과 설득의 의도를 가진 작가로부터 시작해 공감과 감동을 느끼는 관객에게서 완성된다.

미국 시각문화Visual Culture 프로덕션의 공동 설립자인 브라이언 아놀드Brian Arnold와 브렌던 에디Brendan Eddy가 말하길, "스토리는 등장인물이 원하는, 하지만 아직 얻지 못한, 목표를 이루기 위해 철저하게 자신을 변화시키거나 자신을 둘러싼 세계를 변화시키도록 강제하는 방식으로 구성된다. 이러한 근본적인 변화를 이루어가는 과정을 캐릭터 아크라 한다. 최상의 캐릭터 아크는 시작할 때의 세계관에서 정반대의 세계관으로 극적으로 변하는 것이다"[19]라며 변화를 강조한다.

무엇이 변화하느냐에 따라, 외면세계의 변화가 중심인 영화와 내면세계의 변화가 중심인 영화로 나뉜다. 외면의 변화가 중심인 영화는 주인공이 세상과 자신을 둘러싼 환경을 바꾸는 스토리를 담고, 내면의 변화가 중심인 영화는 주인공 캐릭터가 변하는 스토리를 담는다. 외면의 변화가 중심인 스토리는 상대적으로 내면의 변화가 없거나 약한 편이고, 내면의 변화가 중심인 스토리는 외면의 변화가 상대적으로 없거나 약한 편이다. 그래야 어느 한쪽이 강조되기 때문이다.

대부분의 대중영화에서는 외면세계의 변화가 강조된다. 외면의 변화가 시각적인 즐거움을 주고 관객의 입장에서는 직관적으로 이해하기도 쉬워, 관객층을 확산시키는 데에 유리하기 때문이다. 반면에 내면세계의 변화는 시각적인 재미를 주기 쉽지 않고 관객의 사유적인 이해가 요구되어 관객층을 확산시키는 데에 불리하다고 전술한 바 있다. 그래서 내면의 변화가 중심인 스토리는 주로 저예산 예술영화의 몫이었다.

앞서 살펴본 〈도둑들〉, 〈광해, 왕이 된 남자〉, 〈명량〉, 〈국제시장〉 등은 모두 주인공이 세상의 문제를 해결하거나 미션을 완수하는 방식으로 외면세계의 변화를 다룬 영화다. 주인공의 캐릭터성 자체의 변화는 크지 않다. 그러나 〈변호인〉은 다르다. 정반대의 지점에 있다. 대중영화로는 드물게 내면세계의 변화, 즉 주인공 캐릭터 본성의 변화가 핵심인 영화다.

결국 〈변호인〉은 입체적인 캐릭터 송우석을 앞세워 그의 캐릭터 아크를 통해 주제를 강하게 드러낸 영화다. 그렇다면 이제 그토록 중요한 송우석의 캐릭터 아크를 어떻게 설득력 있게 풀어냈는지 알아볼 차례다. 〈변호인〉의 플롯 진행을 자세히 들여다보자.

〈변호인〉은 고졸 판사 출신 송우석이 변호사 생활을 시작하고 법정 변호인이 되면서 성장하는 내면 이야기와 국밥집 아들 진우의 변호를 맡아 법정 투쟁을 벌이는 외면 이야기가 조화를 이루는 구성이다. 외면 이야기에 비중을 두고 액션 중심으로 이야기를 풀어가는 것이 할리우드가 보여준 대중영화의 공식으로 알려져 있지만 〈변호인〉은 이런 통념을 뒤집은 사례다. 재판 과정의 치열한 싸움을 통해 통쾌하게 승리하는 법정영화의 전형성을 거부한다. 재판에서 승리하지 않아도, 미션을 완수하지 못해도, 문제를 해결하지 못해도 더 큰 감동을 줄 수 있다는 것을 보여주고자 한다.

주인공 송우석은 진우의 재판에서 고군분투하지만 끝내 승리하지 못한다. 외면 이야기가 실패로 끝나는 것은 외면 세계의 변화가 없다는 것이어서 외면 이야기 중심으로는 전체 플롯이 완결될 수 없다. 주인공이 애썼으나 끝내 아무런 변화도 이뤄내지 못한다면 아무 이야기도 아닌 것이 되기 때문이다. 더군다나 〈변호인〉의 이야기는 실제 사건을 모티브로 출발한 기획이라 관객의 쾌감을 위해 임의로 재판을 승리한 것으로 바꾸면서까지 이야기의 진정성을 해칠 수는 없다. 이제 남은 필연적 선택은 내면세계에서 변화를 만드는 일뿐이다.

재판에서 패배한 우리의 주인공은 결코 포기하지 않는다. 법으로는 아무것도 해결할 수 없다는 무기력과 좌절감을 딛고 일어나 거리로 나간다. 이 순간 송우석은 완전히 다른 사람이 된다. 모든 일을 법과 원칙대로만 처리해야 한다던 송우석은 법이 권력에 의해 무기력해진 세상에서 자신의 소신을 바꾸어 거리로 나가 싸우다가 불법 시위 주동자로 수감되는 일을 감수한다. 대학생들은 공부가 싫어 데모를 한다고 생각했던 송우석은 자신이 직접 시위에 적극 가담하면서 행동하는 양심이 된다. 돈벌이에만 치중하던 속물 변호사가 인권 변호사, 더 나아가 사회 운동가로 거듭나는 순간이다. 정의를 위해서라면 자신을 변화시켜서라도 끝까지 포기하지 않겠다는 송우석의 결의가 관객의 마음을 크게 흔들며 전체 이야기가 감동적으로 마무리된다.

이어지는 에필로그에서 불법 시위의 피고인으로 법정에 선 송우석을 변호하기 위해 99명의 변호인이 법정을 가득 메우고 한 명씩 호명되면서 영화가 끝이 난다. 감동의 여운을 깊이 간직할 수 있는 명장면이다. 죄수복을 입고 법정에 피고로 앉아 있는 송우석의 복합적인 표정과 함께 호명되는 99명의 변호인 사이로 엔딩 테마곡이 스며드는 영화의 마지막 장면은 오래 기억될 만하다.

그런데 이처럼 마지막에 주인공의 변화, 즉 캐릭터 본성의 변화가 감동적으로 느껴지게 하려면, 결말에 이르는 과정에서 반드시 설득력이 전제되어야 한다. 관객으로부터 설득력을 확보하는 것이 바로 플롯의 역할이자 목적이다. 보편적인 이야기 구조로 알려진 기승전결 4단계 플롯 패턴을 통해 〈변호인〉의 스토리 전개를 살펴보면, 독특한 지점을 발견할 수 있다.

보통 외면 이야기 위주의 외면세계의 변화가 중심인 대중영화 스토리텔링에서는 플롯의 1단계에서 이야기의 준비 setup가 끝나고, 2단계의 시작부터 본격적으로 중심 사건이 전개된다. 〈도둑들〉은 1단계에서 한국의 도둑들이 모이고 홍콩의 도둑들과 만나 마카오에 입성한다. 2단계에서 태양의 눈물을 손에 쥐기 위한 싸움이 시작된다. 〈국제시장〉을 보면, 주인공 덕수가 부산에 피난 와서 힘들게 정착하지만 가족을 위해 목돈이 필요하다는 걸 알고 파독광부가 되어 떠나는 것으로 1단계가 끝나고 2단계부터는 성인이 되어 본격적으로 가족을 위한 헌신이 시작된다. 만약 〈변호인〉이 똑같이 이런 방식을 취했다면, 1단계에서 진우가 체포되는 일이 생기고 송우석이 1단계 말미에 진우의 법정 변호인이 되기로 한 뒤 2단계부터 본격 재판이 펼쳐지는 법정 드라마가 되는 플롯이었을 것이다.

하지만 〈변호인〉에서는 플롯의 1단계가 아닌 2단계에서 진우가 체포되고 송우석은 2단계의 끝에서 진우의 변호인이 되기로 결심한다. 이 지점이 전체 영화의 한가운데인 중간점이고, 이후 플롯의 3단계에서 법정 드라마가 시작된다. 외면 이야기의 출발이 일반적인 경우보다 한 단계 늦춰진 것이다.

이렇게 되면 본격적인 사건 전개 이전에 주인공의 캐릭터를 구축하고 표현하는 데에 러닝타임의 절반이 할애되어 송우석의 캐릭터 서사를 충실하게 보여줄 수 있는 장점이 생긴다. 송우석이 사법고시를 합격하기 전까지 가난하지만 꿈을 키웠던 시절의 이야기와 국밥집 주인과 아들과의 사연도 효과적으로 묘사되어 관객이 주인공 캐릭터에게 충분히 감정이입할 수 있도록 시간을 벌어준다. 주인공이 재판이나 소송과는 멀어진 돈벌이 변호사로서 승승장구하는 모습 또한 충분히 보여준 상태에서 외면 이야기를 출발시킨 것이다.

이런 구조의 변형은 관객으로 하여금 송우석의 인간적인 매력에 푹 빠지게 하고, 그 뒤 재판 과정에서 일어나는 송우석의 변화에 더욱 주목하게 만들어준다. 결과적으로 영화 전체가 내면 이야기 중심, 즉 캐릭터 중심 이야기로 플롯 패턴이 완성된 것이다. 그래서 송우석의 내면세계의 변화, 즉 캐릭터 아크가 스토리의 중심에 위치할 수 있게 되었다.

주인공 송우석의 캐릭터 변화를 중심으로 플롯의 흐름을 다시 단계적으로 짚어보자. 송우석은 먼저 판사직에서 물러나 부산에 내려와서 부동산 등기 업무로 변호사를 시작하고(1단계), 세무 전문 변호사로 부를 축적하면서 대기업의 고문 변호사 자리를 제안받지만(2단계), 진우의 재판을 맡아 법정 변호인으로서 투쟁하고(3단계), 최선을 다하지만 진우의 무죄를 밝히는 재판에서 패소하자 직접 거리로 나가 행동하는 사회 운동가로 변신한다(4단계). 이렇게 〈변호인〉은 고졸 판사에서 속물 변호사로 속물에서 인권 변호사로 그리고 사회 운동가로 끊임없이 진화하는 캐릭터 아크가 살아나도록 단계별로 구성되어 캐릭터 변화와 플롯 패턴의 시너지를 만들어낸다.

만약 주인공의 캐릭터 아크가 중심인 대중영화를 구상하는 작가가 있다면, 〈변호인〉처럼 외면 이야기의 본격적인 출발을 한 단계 늦추어 중간점에 배치해 관객들이 주인공에게 단계적으로 충분히 감정이입할 수 있는 시간을 주어야 한다. 그렇게 해야 캐릭터 아크에 담긴 주제가 감명 깊게 전달될 수 있다.

할리우드의 저명한 시나리오 작가이자 교수인 폴 조셉 줄리노Paul Joseph Gulino가 지적하듯이 캐릭터 아크는 캐릭터가 원하는 것want과 필요로 하는 것need 사이의 갈등에서 비롯한다. 캐릭터는 자신이 원하는 것을 알고 있지만 자신이 필요로 하는 것은 스토리의 극점에 다다라서야 비로소 깨닫는다.[20] 이를 〈변호인〉에 적용해 보면, 이야기의 한 축은 송우석이 변호사 자격을 이용해 부를 축적하겠다는 자신의 욕망을 따르는 길이고 또 다른 한 축은 변호사 역할에 대한 세상의 요구를 깨닫는 길이 되는데, 이 두 가지 방향의 욕구는 상호 모순적이어서 부딪치고 뒤로 갈수록 갈등이 점점 더 커진다는 걸 확인할 수 있다.

돈벌이로 승승장구하던 송우석은 플롯의 2단계에서 대기업 고문 변호사를 제안받자마자 국밥집 아들 진우가 체포되면서 딜레마에 빠진다. 하필 성공을 눈앞에 둔 순간, 가족 같은 진우가 어려움에 빠져 주인공은 선택의 기로에 선다. 게다가 〈변호인〉의 플롯 패턴은 이런 딜레마적 상황을 3단계를 거쳐 4단계에까지 이르도록 길게 연장시킨다. 기업 고문 변호사 제안을 거절하지 않은 상태에서 진우의 재판에 임하도록 한 것이다. 재판의 진행과 함께 송우석의 캐릭터 아크는 개인적인 욕망과 사회적 요구를 대비시키면서 아이러니한 상태로 전개된다.

절정에 이르러서 송우석은 개인적인 욕망, 즉 대기업 고문 변호사로 상징되는 세속적인 출세와 부를 포기하고 사회적 요구, 즉 진정한 변호인으로서의 삶을 따르기로 결정하면서 영화 초반의 송우석과는 완전히 다른 사람이 된다. 이렇게 두 갈래의 상반된 가치를 병행시키는 아이러니한 진행을 구조적으로 길게 배치함으로써 주인공의 내면적 갈등과 인간적인 모습을 진솔하게 보여주어 관객과의 깊은 정서적인 유대감을 만든다. 결국 출세와 부를 모두 포기하는 대가를 치르고 대의를 쫓기로 한 송우석의 극적인 변화가 4단계 플롯 패턴을 따라 전체 이야기의 설득력과 신빙성을 높이면서 감동적인 서사에 마침표를 찍는다.

결론적으로 〈변호인〉의 성공은 애초 "노가다 일꾼에서 판사로, 죄수로"라는 로그라인logline에서 시작된 시나리오의 승리다. 주인공을 입체적 인물로 만든 다음, 외면 이야기의 발단을 늦추고 내면 이야기가 강조되는 플롯 패턴과 조화를 이루면서 주인공 캐릭터가 변화해 가는 스토리를 담아낸 것이다. 그런 변화의 과정에서 주인공은 대립 세력의 극단까지 맞닥뜨리는 단계적 시련을 통과하면서 성장한다. 이를 통해 관객에게 설득력 있고 감동적인 캐릭터 아크를 선사한 것이 〈변호인〉 시나리오의 핵심이다. 놀랍게도 대중영화에서는 보기 드물게 내면세계의 변화, 내면 이야기 중심의 영화로 천만영화가 된 것이다. 앞으로도 〈변호인〉의 시나리오는 내면 이야기 중심, 캐릭터 중심 스토리를 담은 상업영화 스토리텔링의 모델로서 두고두고 참고할 만하다.

주인공은 경쟁에서 이기거나 보물을 찾은 게 자신이 원하는 것이라 여길 수 있다. 반면 스토리는 주인공이 도덕적이거나 정서적인 면에서 더 배우는 게 필요하다고 말한다.

– 크리스토퍼 보글러

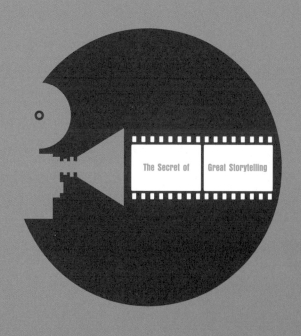

The Secret of Great Storytelling

카타르시스의 체험은

관객들 저마다 다른 주관적인 감정일 수 있다.

하지만 관객들 사이에 최대공약수를 찾는 노력을

게을리해서는 안 된다.

관객의 만족을 염두에 두는 것이

대중영화의 본질이기 때문이다.

시퀀스 ❻ 정서적 해소

관객이
카타르시스를
끝까지
파고들어라

7번방의 선물

관객 1281만 명

개봉 2013.1.23 **등급** 15세 관람가 **장르** 코미디, 드라마 **러닝타임** 127분
감독 이환경 **출연** 류승룡, 박신혜, 갈소원, 오달수 등
줄거리 최악의 흉악범이 모인 교도소 7번방, 어딘가 이상한 신참이 하나 들어온다. 그는 여섯 살의 지능을 가진 딸바보 용구. 교도소에 갇힌 용구는 홀로 남은 여섯 살 딸 예승만을 걱정하고 보고 싶어 한다. 그러던 어느 날, 용구가 7번방 방장의 목숨을 구하는 일이 생기고 방장은 용구의 소원을 하나 들어주기로 한다. 소원을 들은 방장은 이윽고 7번방 재소자들에게 미션을 내린다. 바로 용구의 딸 예승을 외부인 절대 출입 금지인 교도소에 반입하는 것. 자기를 희생하면서까지 사람을 구할 만큼 순진하기만 한 용구가 살해를 했다는 사실을 의심하던 7번방 재소자들은 용구가 누명을 쓰고 억울하게 갇혀 있다는 사실을 알게 되고 그를 예승과 함께 교도소에서 내보내기로 하는데….

절정은 카타르시스를 느끼게 해줘야 한다. 그리스어로 카타르시스가 의미하는 바는 '토해내는 것', '불순물이나 꺼림칙한 것을 제거하는 것'이다. 영어로는 감정상의 해방을 이루어 정화되는 것, 또는 막힌 감정을 뚫어내는 것을 의미하게 되었다.

– 크리스토퍼 보글러

〈7번방의 선물〉을 생각하면 그냥 마음이 짠하다. 영화 속 부녀의 안타까운 이야기 때문이기도 하거니와 천만 흥행을 했음에도 불구하고 여전히 작품에 대한 평가가 낮은 편이기 때문이다. 나는 이 영화를 개봉 첫 주 주말에 봤는데, 영화가 끝날 무렵 눈에 눈물이 차올랐고 극장을 나서면서 감동의 여운이 길게 남았었다. 아직도 그때의 감정이 생생하다. 그런데 당시 주변의 반응은 그리 신통치 않았던 걸로 기억한다.

이 영화는 2013년 1월 23일에 개봉했다. 개봉 날짜 자체가 그때의 분위기를 고스란히 말해준다. 추석과 설날의 명절 시즌, 여름방학 시즌과 함께 극장가 4대 성수기 중의 하나인 겨울방학 시즌에 공개되는 영화들은 대개 블록버스터급 영화이거나 각 배급사가 대표 선수로 내세우는 작품으로, 주로 12월 중순에서 아무리 늦어도 1월 초순 이내에 개봉한다. 그 시기가 전체 흥행을 극대화할 수 있는 최적의 개봉일이기 때문이다. 당연히 그 시기를 개봉 날짜로 잡으려는 경쟁 또한 치열하다. 〈7번방의 선물〉이 그 시기를 훌쩍 지나 설날 시즌도 아닌 1월 23일에 개봉했다는 건 그 자체만으로도 기대작이 아니었다는 걸 방증한다.

개봉 초기에 영화를 본 업계 관계자들도 흥행 전망을 낙관하는 편이 아니었다. 평론가를 비롯한 영화 전문가들도 좋은 점수를 주지 않았다. 그저 그런 신파영화라는 평가가 주를 이루었다. 그런 분위기는 지금까지도 이어져 천만이 넘는 관객으로부터 큰 호응을 받았음에도 역대 천만영화 중에서도 낮은 평가를 받는 영화가 되고 말았다.

하지만 〈7번방의 선물〉은 불리한 시장 여건을 딛고 오로지 관객의 힘만으로 대박영화가 된 작품이다. 당당히 천만영화 대열에 합류했고 흥행 역사를 새로 썼다. '2013년 첫 번째 기적'이라 내건 마케팅 슬로건처럼 진짜 기적을 만들었다. 천만관객을 동원한 후에는 '그 누구도 전혀 예상하지 못한 흥행'이라는 분석이 줄을 이었다. 특히 천만영화 중에 역대 최소 제작비(순 제작비 약 35억 원)가 들어간 영화로 기록되면서 가성비 최고의 영화로도 기억되었다.[21] 이 기록은 현재까지도 깨지지 않았고 앞으로도 쉽게 깨지지 않을 것 같다.

결국 이환경 감독의 〈7번방의 선물〉은 관객들이 살려낸 영화다. 화려한 볼거리나 스타 배우 없이 휴먼 코미디로 이례적인 신드롬을 일으킨 것이다. 또한 튀르키예, 필리핀, 인도네시아에서 각각 리메이크되어 모두 흥행에 성공했다. 이는 이 영화가 보편성이 있는 이야기를 담고 있다는 걸 의미한다. 오로지 이야기의 힘만으로 성공한 사례이고 스토리텔링의 중요성을 각인시켜 준 영화로 평가하고 싶다.

딜레마의 효용과 배치

〈7번방의 선물〉은 여섯 살인 딸 예승과 단 둘이 살고 있는 지적장애인 아버지 용구가 살인 누명을 쓰고 교도소에 수감된 상태에서 무죄를 항변한다는 이야기를 근간으로 하고 있다. 여기에서 쉽게 예상할 수 있는 스토리의 방향은 온갖 방해를 물리쳐 끝내 무죄를 입증하고 누명을 벗게 된다는 식의 통쾌한 정의 회복 플롯일 것이다. 주인공이 어떤 형태로든 누명을 쓴다는 건 분명히 억울한 입장에 놓이는 것이고 세상의 부당함이 강조되는 상황이다. 이런 상황은 관객으로 하여금 주인공에게 연민을 느끼게 하고 관심을 가지도록 하는 것이라 서사에 자주 등장한다. 대중영화에서 주인공이 누명을 쓰고 그 누명을 벗게 되는 이야기는 이제 원형적인 이야기로 받아들여질 정도다. 또한 정의 회복 서사에는 권선징악이라는 주제가 깔려 있어 보편성이 담보되는 측면도 있다.

그런데 〈7번방의 선물〉은 이제는 다소 상투적으로 느껴지는 권선징악 서사를 거부하는 것에서 출발한다. 아버지와 딸, 부녀 관계에 집중하는 선택을 한 것이다. 영화에서 부녀 사이를 다루는 건 종종 관객을 쉽게 끌어들이는 만능키로 동작한다. 천만영화 중에서도 크리스토퍼 놀란 감독의 공상과학 영화 〈인터스텔라〉, 연상호 감독의 좀비영화 〈부산행〉, 장훈 감독의 5·18광주민주화운동을 다룬 영화 〈택시운전사〉에서 각각 쿠퍼와 머피, 석우(공유)와 수안(김수안), 만섭과 은정(유은미)의 관계를 생각하면 자동적으로 애틋하고 뭉클한 감정에 사로잡히는 것처럼 말이다.

특히 〈7번방의 선물〉에서는 부녀 이야기의 극적인 효과를 위해 아버지 용구의 '딜레마'에 주목한다. 딜레마dilemma

란 어떤 인물이 길을 가다가 두 갈래의 갈림길에 서게 되는 입장을 말하는데, 두 가지의 선택지를 맞닥뜨리는 순간에 반드시 둘 중의 하나만을 선택해야 하고 그 두 선택지 중 어느 쪽을 택해도 둘 다 바람직하지 못한 결과가 예상되는 상황을 뜻한다. 다시 말해 선택을 피할 수는 없고 양자택일하기에는 곤란한 지경이라 이러지도 저러지도 못하는 순간을 바로 딜레마라고 한다. 그래서 두 가지 선택지의 성격과 무게가 잘 설계되어야 진정한 딜레마가 될 수 있고 그렇게 설계된 딜레마는 강력한 서사적 무기가 된다. 그렇다면 영화 속에 배치한 딜레마는 서사적으로 어떤 효과가 있는지 알아보자.

우선 모든 딜레마는 관객을 주목시키는 효과가 있다. 극중 어떤 인물이 딜레마를 마주할 때 관객의 관심은 그 인물이 과연 어떤 선택을 할지에 쏠린다. 관객 스스로도 만약 내가 같은 입장이라면 어떤 결정을 할 수 있을까 생각해 보게 만든다. 특히 감정이입한 주인공이 마주한 딜레마라면 관객은 마치 내가 그런 상황에 처해 있는 것 같은 최면과 함께 그 순간의 결정에 동참하게 된다. 어느 쪽을 선택할까, 또 결심 이후의 이야기는 어떻게 전개될까에 관심이 집중된다. 이게 바로 관객이 영화에 몰입한 상태다. 이런 몰입 상태가 길어지면 길어질수록 관객은 점점 더 재미있어한다.

다들 어떤 영화를 보고 엔딩에 이르렀을 때 시계를 보면서 "우와, 벌써 끝났어? 시간 가는 줄 몰랐네"라고 말했던 기억이 있을 것이다. 이건 몰입 시간이 꽤 길었다는 말이고 영화가 정말 재미있었다는 표현이다. 이렇게 관객의 몰입을 유도하고 시종일관 유지하는 것이 대중영화 스토리텔링의 목적이고, 딜레마는 그걸 가능하게 만들어주는 시동 장치와 같다.

딜레마는 관객의 관심을 집중시키고 몰입을 유도하는 기본적인 효과 이외에 스토리의 의미가 깊어지도록 만들어주는 서사 장치이기도 하다. 예를 들어보자. 〈광해, 왕이 된 남자〉에서 광해가 음독으로 쓰러지자 도승지는 광대 하선에게 당분간 왕의 역할을 대신해 달라는 제안을 한다. 바로 이 장면이 딜레마적 상황이다.

영화를 처음 보는 관객이거나 작품세계 안에 살고 있는 주인공 하선의 입장에서 보면 선택의 기로에 서 있는 순간이다. 도승지의 제안을 받아들여 왕 노릇을 하거나 아니면 제안을 거절하고 자신의 삶으로 돌아가는 두 개의 선택지 앞에 놓여 있는 것이다. 관객은 아직 이후에 전개될 스토리를 모르는 상태이고 당사자인 하선에게 이후의 스토리는 그저 불확실한 미래일 뿐이다. 궁중 생활에 대한 아무런 지식이 없는 천민 하선일지라도 암살 위협을 받고 있는 임금 역할을 대신한다는 것이 얼마나 위험한 일인지 정도는 알 수 있다. 그렇다고 원래 자신의 위치로 되돌아가겠다는 결정을 쉽게 내릴 수도 없다. 이미 도승지에게 임금을 조롱하는 공연을 일삼는 행적이 들통나서 잡혀 있는 상태이기 때문이다. 제안을 거부하면 목숨을 부지하기가 힘들어지고 제안을 받아들여도 생명을 걸어야 하는 엄청난 위험에 빠질 것이 분명하다. 이게 바로 진퇴양난 딜레마다.

진퇴양난 딜레마의 경우 스토리 진행 방향의 앞과 뒤로 선택지가 주어지기 때문에, 바로 눈앞에 스토리 진행 방향을 결정짓는 두 가지 선택지가 명확하게 주어지는 경우와 달리 얼핏 보면 딜레마처럼 보이지 않을 수도 있다. 즉 관객 입장에서는 스토리의 방향이 하선이 가짜 왕 노릇을 하는 이야기로 정해져 있다고 느끼기 때문에, 임금 행세를 하겠다는 하선의 결정이 딜레마를 겪고 내린 선택이 아니라 정해진 흐름대로 자연스럽게 진행되는 것처럼 받아들일 수 있다는 뜻이다.

그러나 자세히 살펴보면, 〈광해, 왕이 된 남자〉는 작가가 주인공이 원래 자리로 되돌아갈 수 없도록 퇴로를 차단하는 이야기를 먼저 쌓은 후에 원하는 스토리 방향 즉, 엄청난 위험이 도사리는 상황을 선택하도록 주인공을 몰아넣은 것을 알 수 있다. 그 결과, 퇴로가 차단된 하선의 전진은 필연적인 흐름으로 이해되면서 이야기의 개연성이 한층 강화된다.

그래서 작가가 초반에 주인공을 위험에 빠뜨린 후 본격적인 이야기를 전개하고자 할 때는 반드시 주인공의 퇴로를 차단하거나 위험에서 쉽게 빠져나올 수 없도록 해서 모험을 감수할 수밖에 없도록 만들어야 한다. 험난한 길을 가려는 주인공의 선택을 관객들에게 납득시켜야 하기 때문이다. 〈광해, 왕이 된 남자〉의 주인공 하선은 광해를 대신하여 왕의 역할을 할 것을 제안받았고 분명히 두 가지의 선택지가 있었고 그 순간 어느 쪽도 쉽게 결정할 수 없었던 상황, 즉 딜레마에 맞닥뜨린 것이다.

딜레마는 또 다른 천만영화 〈명량〉에서도 찾아볼 수 있다. 적장 구루지마는 아군 포로들을 참수하여 배에 가득 실어 아군 진영으로 보내며 선전포고를 한다. 마을 사람들, 병사들 심지어 장수들까지 두려움에 떨고 있을 때, 탈영병 오상구(조복래)가 잡혀온다. 군영을 이탈했던 상구 앞에 선 이순신에게는 이 순간이 딜레마다.

오상구가 이순신에게 사정한다. 자기 동료들의 수급을 직접 묻고 왔다고, 너무 무섭다고, 이번에는 내 차례인 것 같아 도망쳤다고, 이렇게 속절없이 다 죽어야 하느냐고 애원한다. 이때 주인공 이순신은 잠시 인간적인 고뇌에 빠진다. 상구의 항변에도 충분히 일리가 있지만 그렇다고 해서 군율을 어긴 병사를 용서하자니 머리가 복잡해진다. 이런 딜레마 상황에서 이순신은 마침내 결단을 내린다. "군율은 지엄한 것이다"라고 말하며 상구의 목을 내리친다. 용서하지 않겠다는 선언이고 굴하지 않고 계속 싸워나가겠다는 다짐이다. 이 장면은 플롯 1단계를 마치는 구성점plot point이자 본격적인 이야기 전개인 2단계로 넘어가는 전환점turning point이 된다. 아울러 이번 전쟁의 본질이 두려움에 맞서 싸우는 것이라는 메인플롯의 성격을 딜레마를 통해 드러낸다.

같은 맥락으로 〈매트릭스〉에서의 핵심 딜레마는 모피어스가 주인공 네오에게 빨간 약과 파란 약 중에 선택하라는 장면 속에 들어 있다. 네오가 둘 중 빨간 약을 먹으면서 진실을 향한 모험세계에서의 활약이 메인플롯인 이 영화의 전체 방향이 드러난다. 이처럼 주인공의 딜레마는 중요한 순간에 배치되어 플롯 패턴을 만드는 구성점이 되기도 하고 그 순간의 선택으로 영화의 성격을 드러내기도 한다.

이뿐만 아니라 딜레마는 인물의 내면에 잠재되어 있는 진짜 캐릭터를 드러낼 때에도 활용될 수 있다. 맥키는 "진정한 성격true character은 딜레마에서 내리는 선택을 통해서만 표현될 수 있다. 부담스러운 상황에서 어떤 행동을 선택하느냐가 곧 그의 사람됨이다. 부담이 클수록 그 선택은 인물을 더 깊고 참되게 보여준다"[22]라고 말한다.

예를 들어 최고의 슈퍼히어로 영화로 칭송받는 크리스토퍼 놀란 감독의 〈다크 나이트〉는 다양한 딜레마를 배치하고 탐구하는 방식으로 플롯이 구성되어 있다. 그중에 주인공 배트맨(크리스찬 베일)에게 주어진 가장 강렬한 딜레마는 첫사랑 레이첼 도스(매기 질렌할)를 구할 것인지 검사 하비 덴트(아론 에크하트)를 구할 것인지를 선택해야만 하는 순간이다.

배트맨이 이런 상황에 놓이게 된 이유는 조커가 치밀하게 딜레마를 설계해 두었기 때문이다. 조커는 레이첼과 하비 두 사람을 미리 각기 다른 공간에 가두고 시한폭탄을 설치해 두었다. 모두를 구할 수 없도록 시간을 제한한 것이다. 레이첼을 구하면 하비가 죽고 하비를 구하면 레이첼이 죽는 잔인한 상황이다. 이 순간 배트맨에게는 엄청난 압박이 온다. 둘 다 중요한 사람이고 결정은 빨리 해야 하고 선택은 쉽지 않다. 결국 배트맨은 레이첼을 구하러 간다. 이때 배트맨의 캐릭터가 드러난다. 여전히 배트맨은 레이첼을 사랑하고 있다는 걸 관객에게 보여준 셈이다.

재밌게도 조커는 배트맨에게 연속적으로 딜레마를 던져주고 그를 계속 테스트하면서 플롯을 진행시키는데, 마치 딜레마의 설계 방법을 우리에게 친절하게 가르쳐주는 것 같다. 주요인물의 딜레마를 설계하고자 할 때 곱씹어 봐야 할 참고 작품으로 〈다크 나이트〉를 강력히 추천한다.

그렇다면 이제 다시 돌아와 〈7번방의 선물〉에서는 딜레마가 어떻게 활용되고 있는지 살펴보자. 영화 후반 주인공 용구는 결정적인 위기에 봉착한다. 법정에서 최후 진술을 해야 하는 바로 그 순간, 혐의를 부인하느냐 인정하느냐 하는 기로에 선다. 이 순간이 딜레마가 되는 이유는 무죄를 입증하기 위해 철저한 준비와 연습을 거쳐 법정에 출두한 용구 앞에, 공판 직전 피해자의 아버지인 경찰청장(조덕현)이 찾아와 만약 살인 혐의를 인정하지 않으면 용구의 딸인 예승이도 똑같이 만들어주겠다고 겁박을 하기 때문이다. 용구의 위기는 자신의 생존이냐 딸의 안전이냐를 선택해야 하는 딜레마적 상황으로 인해 더욱 강조된다.

중대한 갈림길에서 용구는 딸의 안전과 행복을 위해 혐의를 인정하고 사형수가 되는 길을 택한다. 딸을 지키기로 한 주인공의 결심으로 아버지의 숭고한 희생과 진한 부성애가 관객에게 감동적으로 전해진다.

이렇게 〈7번방의 선물〉의 핵심 딜레마는 절정인 클라이맥스에 배치되어 주제를 강렬하게 전달하고 관객의 감동을 키우는 결정적인 역할을 한다. 특히 용구가 지적장애인이라는 캐릭터 설정은 영화의 절정에 이르러 딜레마 효과를 극대화함과 동시에 시종일관 오직 딸밖에 모르는 아버지 서사의 개연성과 신빙성을 더욱 높여준다.

또한 핵심 딜레마 전후로는 아버지와 딸의 상황이 계속 엇갈리는 플롯이 만들어진다. 용구가 살인 누명을 쓰면서 어린 예승과 생이별하고, 용구의 무죄가 거의 입증되려는 순간에는 예승이 위험해진다. 용구의 희생적 결단으로 예승은 안전해지나 용구가 형장의 이슬로 사라진다. 이런 아이러니한 상황의 진행으로 관객의 안타까움과 연민을 시종일관 유지하면서 지속적인 몰입을 유도한다.

결국 〈7번방의 선물〉은 주인공 용구의 결정적인 위기 상황에 핵심 딜레마를 배치하여 극적 긴장감이 절정에 이르도록 하고, 딜레마를 중심으로 전후 아이러니한 상황이 유기적으로 연결되도록 하여 몰입감과 진정성이 있는 스토리텔링을 보여준다.

이처럼 영화에서 딜레마는 플롯을 구성하고, 캐릭터를 드러내고, 주제를 전달하는 데에 두루 활용될 수 있는 매우 유용하고 강력한 서사 도구이자 장치다. 결과적으로 딜레마를 만들어 주인공을 압박하는 것은 관객의 몰입감과 긴장감을 고조시키면서 관객으로 하여금 궁극적으로 정서적 해소, 즉 카타르시스에 이르도록 하는 발판이 된다. 마치 화살을 쏘기 전에 활시위를 팽팽하게 당기는 것처럼 말이다.

액자구조와 카타르시스

그렇다면 〈7번방의 선물〉은 딜레마와 아이러니로 만든 몰입감과 긴장감을 어떻게 만족스러운 서사로 완성했을까? 앞서 이 영화는 부녀 관계에 집중하는 선택을 했다고 말했다. 물론 자식의 안녕과 행복을 위해 헌신하는 아버지의 이야기는 분명 감동적일 수 있다. 그런데 우리의 주인공 용구는 억울한 누명을 쓰고 권력자의 위력에 의해 형장의 이슬로 사라진다.

만약 이대로 영화가 끝난다면, 관객들은 용구의 부성애에 공감하면서도 부당한 상황 전개로 인해 답답한 심정과 안타까운 감정의 응어리를 가질 수밖에 없다. 그 결과 관객은 정서적으로 해소되지 않은 상태로 극장 문을 나서야 한다. 대중영화로서는 만족스럽지 못한 결말이다. 그래서 〈7번방의 선물〉은 그 상태에서 영화를 끝내지 않는다. 시간이 흘러 장성한 딸 예승의 이야기를 추가한 것은 바로 그 때문이다.

영화는 바보 아버지 용구가 자신의 목숨을 던져서 어린 예승의 행복을 지키는 이야기에 아버지의 무죄를 입증하는 어른 예승의 이야기를 혼합시킨다. 이처럼 시점이 다른 두 이야기를 가장 효과적으로 결합시킬 수 있는 서사적 방법으로 '액자구조'를 가져온다. 액자구조는 앞서 언급했던 것처럼 액자가 그림이나 사진을 둘러싸 장식해 주듯, 외부의 이야기가 그 속에 내부의 이야기를 포함하고 있는 서사 기법을 말하는데, 영화에서는 현재 시점의 이야기가 액자 역할을 하고 과거 시점의 이야기가 액자 속에 담기는 것이 일반적이다. 〈7번방의 선물〉의 경우에는 어른 예승의 서사를 외부 이야기(현재)로 하고 그 속에 내부 이야기(과거)로 어린 예승의 서사를 담는 플롯 구성을 취한다. 다양한 서사적 매력이 있는 구성이니 자세히 알아보자.

액자구조는 우선 시점이 다른 두 이야기를 하나의 통합된 영화로 느끼게 만들어준다. 어느새 어른이 되어 사법연수원생이 된 현재의 예승이 과거 어린 시절 아버지 용구가 겪었던 일을 회상하고 자연스럽게 다시 현재로 돌아와 영화가 끝나면서 현재와 과거의 이야기가 입체적으로 연결된다. 이렇게 되면 예승이 어릴 때 겪었던 아버지 용구의 비극이 어른 예승의 관점을 통해 관객에게 전달되기 때문에 액자 속 용구의 사연이 조금 더 객관적으로 다가온다. 그래서 과거 이야기의 진정성과 신빙성이 높아지는 효과가 있다.

또한 액자구조는 영화 전체에 걸쳐 미스터리 효과를 만들어낸다. 영화는 현재 시점인 어른 예승이 사법연수원 모의재판에서 용구의 무죄를 주장하는 장면에서 과거 용구와 어린 예승의 이야기의 시작점으로 연결되는데, 현재 시점에서 결과를 먼저 보여주고 역으로 과거 원인을 찾아가는 플롯이 진행되면서 영화 초반부, '도대체 과거 예승에게 무슨 일이 있었던 걸까' 하는 관객의 호기심을 자극한다. 이렇게 초반부터 형성된 관객의 미스터리는 영화 전체에 걸쳐 극적 긴장감을 조성하는 효과가 있다.

마지막으로 액자구조를 통해 이야기의 동시대성을 강화할 수 있다. 영화는 과거, 현재, 미래를 자유롭게 넘나들며 이야기를 펼칠 수 있지만 그 영화가 개봉하는 시점의 시대와 관객들에게 의미가 있는 동시대성을 확보하는 것이 매우 중요하다. 영화를 보고 있는 지금 현재의 관객들에게 의미 있는 이야기로 받아들여져야 한다는 뜻이다. 과거 이야기가 아무리 흥미롭더라도 현재의 관점과 기준에서 보면 설득력이 부족하거나 다른 해석이 가능해 의미가 다소 약해질 수 있기 때문이다.

만약 용구의 이야기가 과거 시점으로만 존재한다면 현재 시점의 관객은 즉각적인 공감보다 '저토록 터무니없는 일이 지금도 일어날 수 있을까' 하는 의문이 들 수 있고 '옛날에는 그랬었지' 하는 정도로만 가볍게 생각하고 말 수도 있다. 하지만 법조인으로 성장한 어른 예승의 현재 시점을 통해 전달되는 과거 시점 용구의 이야기는 관객들에게 영화를 보고 있는 현재 시점에도 의미 있는 이야기로 다가온다. 결국 액자구조를 통해 전체 이야기의 개연성이 강화되는 것이다.

액자구조는 고대 그리스의 서사 시인 호메로스의 《오디세이아》에서 처음 쓰인 것으로 알려져 있을 만큼 오랜 역사를 가지고 있다. 현대에 이르기까지 소설, 연극, 영화 등 다양한 서사 매체를 거쳐 효과성이 검증이 된 스토리텔링 형식이다. 그럼 영화에서는 액자구조가 어떻게 구체적으로 적용되고 있는지 세 가지 유형으로 나누어 살펴보자.

첫 번째 유형은 전형적인 액자구조 영화다. 현재 이야기를 마치 책꽂이처럼 기능하도록 영화의 시작과 끝에 넣고 그 사이에 과거 이야기를 중심으로 기승전결을 충실하게 풀어내는 회상구조 영화가 이에 해당한다. 앞서 예시로 든 〈타이타닉〉과 〈태극기 휘날리며〉가 대표적이다.

영화를 본 지 오래된 분들을 위해 영화의 회상구조를 다시 조금 더 설명하자면 〈타이타닉〉에서는 현재 시점에서 101세인 고령의 주인공 로즈(글로리아 스튜어트)가 타이타닉 호 사고 현장의 발굴팀을 찾아가 과거의 참상과 잭과의 사랑 이야기를 회고하고 추억하며 현재로 다시 돌아와 현장에서 평온하게 생을 마친다. 〈태극기 휘날리며〉는 현재 시점에서 노년의 동생 진석(장민호)이 국방부 유해발굴감식단으로부터 연락을 받으면서 형 진태와 함께 겪었던 과거 6·25 전쟁 이야기를 회상하고, 다시 현재로 돌아와 이미 죽어 유해로 발굴된 형과 재회하면서 유품(만년필)을 끌어안고 펑펑 운다.

　두 번째 유형은 첫 번째 유형을 변주하는 액자구조 영화인데, 현재 시점의 이야기를 단순히 액자로만 쓰는 것이 아니라 나름의 서사를 추가해 영화에서 현재 이야기도 의미 있게 섞이다가 현재 시점으로 돌아와 전체 이야기를 마무리하는 방식이다. 이런 유형은 전체적으로 액자구조는 맞지만 현재 이야기가 과거 이야기의 사이사이에 삽입되어 진행되다가 결말에 이르러 자연스럽게 과거에서 시작한 이야기와 연결되면서 현재 시점에서 모든 이야기가 끝난다. 다만 이 경우에도 여전히 과거 이야기에 중심이 쏠려 있다. 대표적인 예로 〈마지막 황제〉, 〈국제시장〉, 〈덕혜옹주〉 등이 있다.

　〈국제시장〉의 플롯 구성이 매혹적인 것처럼 중국 마지막 황제 푸이의 생애를 그린 〈마지막 황제〉 역시 구성이 무척 인상적이다. 영화는 1950년 주인공 푸이가 전범으로 잡혀와 수감 생활을 시작하면서 자신의 과거 이야기를 진술하는 형식으로 진행된다. 과거 이야기가 펼쳐지는 사이사이 현재 시점의 진술 장면이 짧게 분절되어 삽입되다가 자연스럽게 다시 현재 시점으로 돌아온다. 전범 관리소에 수감되었던 마지막 황제 푸이는 9년 만에 출감하고 평범한 정원사가 되어 격세지감의 현실을 마주하며 영화가 끝난다.

〈덕혜옹주〉에서는 현재 서울신문 기자인 김장한(박해일)이 일본에서 덕혜옹주가 행방불명되었다는 소식을 듣고 찾아 나서면서 과거의 이야기를 회상하고 다시 현재 시점에서 결국 덕혜옹주를 찾아내 귀국시키는데, 과거 이야기의 중간중간에 현재 이야기가 잠깐씩 삽입된다.

마지막 세 번째 유형은 현재 이야기와 과거 이야기가 거의 대등하게 독립적인 완결성을 가지고 시종일관 상호 교차하면서 진행되고 결국 하나의 플롯으로 통합되는 파격적인 액자구조 영화다. 강형철 감독의 7공주 프로젝트 〈써니〉와 이용주 감독의 로맨스영화 〈건축학개론〉이 대표적인 사례다.

〈써니〉는 잘나가는 사업가 남편과 고등학생 딸을 둔 주부 임나미(류호정)가 친정엄마 병문안차 병원에 들렀다가 2개월 시한부 폐암 말기 환자인 옛날 친구 하춘화(진희경)를 만나면서 이야기가 펼쳐진다. 춘화의 소원대로 과거의 친구들을 하나씩 찾아나서 춘화의 장례식장에 모두 모이게 하는 현재 이야기와 고등학생 나미(심은경)가 전학을 와서 춘화(강소라)를 비롯한 7공주의 멤버로 활약하는 사연과 애환을 그리는 과거 이야기가 자연스럽게 상호 교차하면서 병렬로 진행되는 플롯으로 구성되어 있다.

〈건축학개론〉은 서연(한가인)이 15년 만에 첫사랑이었던 건축가 승민(엄태웅)을 불쑥 찾아와 고향 제주도에 집을 지어달라고 의뢰하고, 함께 집을 지어가면서 다시 관계가 진행되는 현재 이야기와 과거 대학생 승민(이제훈)과 서연(수지)의 사랑과 이별 이야기가 나란히 진행되면서 상호 교차하는 플롯이다.

특히 이 세 번째 유형의 영화는 시나리오를 쓰기가 조금 더 까다로운 편이다. 현재에서 과거로, 과거에서 다시 현재로 상호 교차가 잦은 데다가 교차 지점을 정교하게 맞추어 시너지를 만들지 못하면 자칫 두 시점의 이야기가 각기 따로 놀 수 있기 때문이다.

그렇다면 〈7번방의 선물〉은 어떤 유형에 해당할까? 현재 시점의 이야기가 단순히 과거 이야기를 안내하는 장치로만 쓰인 것은 아니고, 과거 이야기에서 충분하지 않았던 서사를 현재 이야기에 추가한 두 번째 유형(변형 액자구조)으로 볼 수 있다. 세월이 지나 장성한 딸이 아버지 용구의 무죄를 뒤늦게나마 입증하고 그의 영혼을 달래주는 현재 이야기가 불완전했던 과거 서사를 완결시킨다. 과거 이야기로 팽팽하게 당긴 극적 긴장감이 현재 이야기에서 시원하고 만족스럽게 해소되도록 한다. 관객 입장에서 답답했던 감정의 응어리가 시원하게 풀리도록 한 것이다. 관객은 마침내 현재 이야기로 인해 카타르시스에 이르게 된다. 바로 이게 〈7번방의 선물〉이 공감과 감동을 폭넓게 확산시킬 수 있었던 결정적 비결이다.

카타르시스 관점에서 본다면 앞서 언급한 〈타이타닉〉과 〈태극기 휘날리며〉의 플롯이 전형적인 액자구조에 가까운 게 맞지만 영화의 최종 엔딩에서 독특한 공통점이 발견된다. 〈타이타닉〉은 마지막에 현재로 돌아와 노령의 로즈가 죽은 상태에서 영화를 바로 끝내지 않고 이어서 다시 과거 타이타닉호로 돌아가, 두 사람의 첫 데이트 약속 장소인 벽시계 앞 계단에서 승무원과 승객 들의 축하를 받으며 잭과 로즈가 서로 키스하는 판타지 장면으로 마무리된다.

〈태극기 휘날리며〉 역시 현재 시점에서 어른이 된 동생 진석이 형 진태의 유해를 쓰다듬으면서 우는 장면에서 바로 끝내지 않고 다시 과거 시점의 동생 진석이 전쟁터에서 무사히 집으로 돌아와 엄마 품에서 가족과 평화로운 시간을 보내는 장면으로 끝낸다. 두 영화 모두 진짜 엔딩은 다시 과거의 행복한 때로 돌아가 액자에 갇힌 과거 이야기의 비극성을 아름다움으로 포장한다. 슬픔에 잠긴 관객의 마음을 어루만져 주는 엔딩이다. 끝까지 관객을 배려한 영화의 마무리가 인상적이다.

비슷한 맥락이지만 〈7번방의 선물〉이 놀라운 건 과거 이야기의 비극성을 감성적으로 달래주는 정도가 아니라 서사적으로 충실해진 현재 이야기를 통해 너무나도 비통한 심정에 빠져 있는 관객들에게 통쾌한 해결을 선사한다는 점이다. 과거 이야기를 이어받아 현재 이야기에서 어른 예승이 아버지 용구의 무죄를 밝히고 아버지를 늦게나마 마음에서 떠나보내면서 전체 서사를 만족스럽게 완결한다.

결국 〈7번방의 선물〉은 액자구조를 통해 과거 이야기를 그저 옛날이야기로 남기는 것이 아닌 진정성 있는 이야기로 느껴지게 하는 형식을 만들고, 그 액자구조를 아름답게 변주하여 과거 이야기에 남아 있는 감정의 응어리마저 현재 이야기에서 풀리게 하는 완결성 있는 스토리텔링을 보여줌으로써 관객으로 하여금 카타르시스에 이르도록 한다. 특히 영화의 현재 이야기는 용구와 예승과 관객, 우리 모두의 여한을 풀어주는 한풀이 의식처럼 그려진 점이 참으로 아름답다.

아놀드와 에디는 "관객은 스크린을 보면서 자신이 살고 있는 삶보다 크고 심오한 무언가와 관련되어 있다는 느낌을 갖고 카타르시스를 경험하고자 한다. 카타르시스는 긴장을 풀어주고 정신적인 활력을 이끌어내는 정화작용이다"[23]라고 말한다. 〈7번방의 선물〉은 관객으로 하여금 완전한 카타르시스에 이르도록 치밀하게 만들어진 스토리텔링이 빛나는 영화다. 정서적으로 완전한 해소의 경지에 이르도록 끝까지 철저하게 관객을 배려한 영화다.

현실 속 판타지의 효과

〈7번방의 선물〉의 현재 이야기를 조금 더 자세히 풀어보면, 장성한 딸 예승이 사법연수원 교육 과정의 모의재판에서 16년 전 자신의 아버지 용구의 사형 판결에 대한 재심을 청구하고, 변호를 맡아 무죄를 입증한다는 서사를 담고 있다. 자신이 저지른 일도 아닌데 누명을 쓰고 범죄자가 되어 사법적으로 억울한 심판을 받은 경우, 보통은 공식적으로 재심을 청구하여 실질적인 피해 회복을 그리는 이야기로 가는 것이 보다 사실적이고 설득력이 있다. 〈재심〉과 〈소년들〉처럼 말이다.

그러나 만약 〈7번방의 선물〉이 정식으로 재심을 청구하는 방향으로 이야기를 끌고 갔다면, 수사와 재판 과정의 불공정과 공권력의 횡포를 고발하면서 사법 체계의 부조리를 비판하고 억울한 소시민이 있어서는 안 된다는 주제 의식이 강조되는 사회극social drama이 되었을 것이다. 애초에 그런 방향이었다면, 〈7번방의 선물〉이 채택한 현재 이야기의 아이디어는 바람직한 선택이 아니다. 딸이 직접 나서 아버지의 무죄를 주장한다는 설정 자체가 작위적이고 주관적으로 느껴져 서사의 설득력과 보편성을 확보하기가 쉽지 않았을 것 같다. 게다가 모의재판이라는 아이디어는 그야말로 가짜 재판이기 때문에 실질적으로는 아무것도 해결할 수가 없는 설정이다.

그럼에도 딸이 직접 아버지 사건의 모의재판으로 재심한다는 설정이 현재 이야기의 핵심 아이디어로 정해진 이유는 이 영화가 사회성을 부각시키는 것보다 부녀 관계와 부성애에 초점을 맞추고자 하는 의도가 있었기 때문이다. 과거 이야기에서 딸 예승은 고작 여섯 살에 불과했다. 당시 사건을 감당하기에는 너무나 어렸다. 어린 예승은 아빠가 자기를 버리고 먼저 떠나버렸다고 생각했을 것 같다.

영화의 마지막에 현재 시점으로 돌아와 어른 예승은 모의재판의 변호인으로서 최후 진술한다. 여기서 아버지의 무죄를 강조하기보다는 "전 오늘 피고인 이용구 아니, 내가 세상에서 가장 사랑했던 우리 아빠, 천사 같은 우리 아빠를 위해 본 변호인 마지막 변론을 하겠습니다. 정의의 이름으로 아빠를 용서… 하겠습니다"라고 말한다. 어린 딸을 홀로 두고 야속하게 먼저 세상을 떠난 아버지를 과거에는 이해할 수 없었는데, 이제야 아버지의 희생이 어떤 의미인지를 깨닫고 용서를 한다며 마치 사부곡思父曲을 부르는 것처럼 그려진다. 결국 과거 이야기는 아버지의 사랑이, 현재 이야기는 딸의 사랑이 강조되며 숭고한 부녀의 이야기가 완성된다.

하지만 앞서 말했듯 사법연수생들의 모의재판에서 무죄

판결을 받은 건 실제로는 아무것도 해결되지 않은 것인데, 이 영화는 어떻게 관객을 납득시킬 수 있었을까 하는 의문이 여전히 남는다.

아무 죄도 없는 여섯 살 아이가 교도소에 들어와 재소자들과 함께 생활한다는 것부터가 이상하다. 용구의 무죄를 입증하는 데에 실패한 7번방의 동료들은 용구를 예승과 함께 열기구에 태워서 탈출시키기로 한다. 너무 이상하고 비현실적이다. 사실성과 개연성에 문제가 있다고 지적받을 만하다. 급기야 현재 시점으로 돌아온 엔딩에서는 어른 예승이 교도소 마당에 서서 마치 환상처럼 과거에 교도소 쇠창살에 걸려 탈출에 실패한 열기구를 보면서 뒤늦게 아버지와 어린 자신을 떠나보낸다. 이 영화 정말 이상하다.

그런데 놀랍게도 이런 이상한 상황들에 관객의 마음이, 감정이 움직인다. 〈7번방의 선물〉의 플롯은 계속해서 부녀를 떨어뜨려 놓으려는 의도로 짜여 있다. 그럴 때마다 부녀의 만남은 간절해지고 관객은 부녀에게 감정이입한다. 용구와 예승의 절실한 심정에 자기를 동일시한다.

그때 어린 예승이 교도소에 들어오면서 관객의 바람은 이루어지만, 이때부터 영화의 분위기와 서사는 비현실적으로 바뀌고 코미디가 유입된다. 이전까지 심각했던 현실 밀착형 서사가 다른 분위기로 전환된다. 물론 코미디를 섞어 넣어 전후의 이질감을 다소 희석시키는 효과가 있지만 이야기적으로 완벽한 해결책은 못 된다.

여기서 신의 한 수는 바로 아이의 시점으로 동화처럼 그리는 것이다. 아버지 용구가 어린 예승과 눈높이가 비슷한 여섯 살 지능의 지적장애인 캐릭터라는 게 우연이 아니다. 용구와 예승이 그리는 동화는 비현실성을 뛰어넘는 순수한 판타지 우화처럼 그려진다. 현실 속에 판타지를 과감하게 섞어 넣어 영화적으로 마법을 부린다. 과거 교도소에서 열기구를 타고 탈출을 시도하다 담장에 걸린다는 비현실적인 장면마저도 현재의 예승이 교도소 담벼락에 걸린 풍선을 발견하고 아버지와 어린 자신이 탄 열기구를 떠나보내는 에필로그 장면으로 연결시키면서 용구의 영혼을 달래고 부녀의 사랑을 기리는 한풀이 의식으로 처리된다. 이런 판타지 전개는 논리적으로 해결할 수 없는 관객의 바람과 감정을 아우르고, 과거에는 실패했던 열기구 탈출 시퀀스가 현재에 성공하면서 개연성을 뛰어넘는 만족스러운 영화적 마무리를 가능하게 만들어준다.

물론 판타지를 표방한 장르가 아닌 현실 속 이야기에서 판타지를 삽입하는 건 꽤나 위험한 시도다. 이야기의 논리성이 깨져 관객을 당혹스럽게 할 수 있기 때문이다. 그래서 현실을 배경으로 하는 경우에는 꿈, 상상, 환각 장면 등에 판타지를 넣는 경우가 많다. 하지만 그 밖의 상황에서도 판타지를 적절하게 잘 활용하면 관객의 논리적 무장을 해제하고 관객을 감성적으로 이야기에 더 깊이 동화시킬 수 있는 영화적 마법이 가능하다. 맥키는 "이야기 예술은 사실성과 판타지, 꿈, 이상의 세계와 같은 다양한 비사실성의 세계를 구분하지 않는다. 이 다양한 모습의 세계들은 작가의 창조적인 지성 안에서 하나의 독특하면서도 설득력 있는 허구적 사실성의 세계로 합쳐진다"[24]라고 말했다.

카타르시스의 체험은 관객들 저마다 다른 주관적인 감정일 수 있다. 하지만 관객들 사이에 최대공약수를 찾는 노력을 게을리해서는 안 된다. 관객의 만족을 염두에 두는 것이 대중영화의 본질이기 때문이다. 웃음이든, 눈물이든, 깨달음이든 철저하고 치밀하게 끝까지 파고들어 관객을 몰입하게 만들고 영화가 끝난 뒤에는 모든 긴장이 풀리며 즐거운 마음으로 재밌었다고 평할 수 있게 해야 한다. 사람들을 매혹시키는 이야기는 바로 그런 것이다. 결국 〈7번방의 선물〉은 관객을 배려하는 데에 철저했던 제작진의 노력과 열정이 액자구조와 판타지를 만나 마법 같은 흥행 결과를 만들었다.

"작가는 웃음과 눈물과 떨림과 따스한 이해와 공감으로 감정의 해소가 불가피해질 순간까지 긴장감을 고조시켰다가 풀어주고 스토리와 캐릭터에 에너지를 넣어줘야 한다. 인간에게는 카타르시스가 없어서는 안 된다. (…) 훌륭한 스토리는 카타르시스를 불러일으키는 것 중에서 가장 믿을 만하고 흥미로운 방식이다"[25]라고 보글러는 강조한다. 주인공 용구의 억울한 죽음으로 끝나는 이야기는 안타까움을 증폭시키고 관객을 슬프고 답답한 심정과 꺼림칙한 상태로 만든다. 이런 상태를 해소하는 데에 논리적으로 완벽한 방법은 없다. 결과적으로 이환경 감독의 천만영화 〈7번방의 선물〉은 모의재판이라는 탁월한 서사적 아이디어와 동화 같은 판타지를 액자구조에 담아 관객의 이성과 감성을 하나로 묶어준다. 관객 입장에서 완전한 정서적 해소, 즉 카타르시스에 이르도록 한 것이다.

> 카타르시스는 영화를 보고난 뒤에 생기는 것이 아니라 영화의 이야기 속에서 구축되어 가다가 마지막에 '정점에 도달하며' 바로 그때 관객들은 해방감을 느낀다.
>
> — 마이클 티어노

스토리는 삶의 모습을 담고 있어야 하지만

아무런 깊이나 의미가 없는

보통 삶의 단순한 복사판이 되어서는 곤란하다.

누군가의 삶을 그려내

우리의 삶으로 느끼고 받아들이게 해야 하는 것이다.

그것이 바로 스토리텔링이다.

시퀀스 ❼ 인생의 은유

삶이
램의
아이러니에
주목하라

서울의 봄

관객 1312만 명

개봉 2023.11.22 **등급** 12세 관람가 **장르** 드라마 **러닝타임** 141분

감독 김성수 **출연** 황정민, 정우성, 이성민, 박해준, 김성균 등

줄거리 1979년 12월 12일, 수도 서울에 군사반란이 일어났다. 대통령이 시해된 10월 26일 이후 독재정권이 물러나고 서울에 새로운 바람이 불어올 것이라는 기대도 잠시, 합동수사본부장이자 보안사령관 전두광이 군대 내 사조직을 총동원해 반란을 일으킨 것. 권력에 눈이 먼 전두광을 멈추기 위해 수도경비사령관 이태신은 진압군을 이끌고 막으려 하지만 전두광은 쿠데타를 성공시키기 위해 전방부대까지 불러들인다. 전두광의 반란군과 이태신의 진압군 사이의 목숨을 건 팽팽한 대립. 그러나 이태신의 분투에도 진압군의 핵심들이 하나 둘 제압되기 시작하는데…. 1979년 그날, 대한민국 수도 서울에는 일촉즉발의 9시간이 흐른다.

스토리텔링은 아이러니를 통해 삶의 복잡성을 포착하는 예술
이다.

– 마크 트웨인

　오랜 코로나 팬데믹의 여파로 극장가에 침체된 분위기가
여전한 가운데 매력적인 스토리텔링은 언제나 관객의 마음
을 흔들 수 있다는 당연한 진리를 확인시켜 준 영화가 있다.
바로 황정민, 정우성 주연의 〈서울의 봄〉이다. 〈서울의 봄〉
은 2023년 11월 22일에 전국 극장에 공개되었다. 겨울 성수
기를 겨냥하는 각 배급사별 주력 작품은 보통 11월에는 개
봉하지 않는 편인데 의아한 선택이었다. 혹시 흥행에 자신
이 없었나? 영화가 재미없게 나왔나? 주력 작품이 아닌가?
이런저런 생각이 들었다. 영화를 관람하고 나서는 그 의문
이 더 커졌다. 이 정도면 흥행을 크게 기대할 수 있는 작품
인데, 왜 하필 비수기에 개봉한 걸까? 둘 중의 하나가 아닐

까 싶었다. 흥행에 자신이 없었거나 반대로 자신감이 아주 컸거나. 후자라고 짐작했는데, 나중에 제작사의 김원국 대표가 맞다고 확인해 주었다.

〈서울의 봄〉은 11월에 시작해 연말연시를 관통하고 해를 넘겨서도 오랜 기간 상영되었다. 그리고 천만영화의 반열에 올랐다. 더욱 재미있는 건 영화의 개봉 시기와 상영 기간이 영화 속의 시간적 배경과 맞물린다는 점이다. 이 영화 속 스토리의 시간은 1979년 10월 26일부터 12월 12일까지다. 영화 개봉일이 11월 22일이었으니 영화에서 그리는 실제 사건의 달력과 거의 일치하여 관객 입장에서는 당시의 분위기를 실감하는 데에 큰 도움이 되었을 것 같다. 특히 사건 당일인 12월 12일에는 영화가 개봉한 지 3주 정도 지나 화제성과 사회적 파장이 극에 달했고 흥행은 정점을 찍었다. 2023년 12월 12일까지 영화진흥위원회 통합전산망 기준으로 736만 2353명의 관객을 동원해 장기 흥행의 길로 들어섰다. 급기야 12월 24일에 천만관객을 넘겨 흥행 기록도 역사적 사건이 되었다. 이처럼 〈서울의 봄〉이 과거 사건을 바로 어제 있었던 일처럼 생생하게 느끼도록 할 수 있었던 데에는 개봉 시기가 큰 몫을 했다.

이 영화가 개인적으로 특히 더 각별한 이유가 있는데, 그건 김성수 감독의 작품이기 때문이다. 일을 하다 보면 오랜 시간에 걸쳐 감독과 연이 닿는 경우가 있다. 김성수 감독과의 인연이 그렇다. 정확히 첫 만남이 언제였는지는 가물가물하지만 1996년 삼성영상사업단 한국영화팀을 맡고 있을 때, 김성수 감독의 대표작이 된 정우성, 고소영 주연의 〈비트〉에 투자를 확정하는 결재 문서에 사인하던 장면이 지금도 사진처럼 또렷하게 기억난다. 그 후 시간이 많이 흘러 나는 CJ엔터테인먼트의 대표가 되었고, 10년의 공백을 깨고 연출에 복귀한 김 감독과 〈감기〉(장혁, 수애 주연)의 투자자와 연출자로 다시 만났다. 그리고 또 다시 10년이 지나 이제 그를 응원하는 팬으로서 〈서울의 봄〉을 만나게 되어 격세지감을 느끼면서도 감개무량하고 정말 행복했다.

젊은 시절 세련된 스타일로 한국영화를 주도했던 그가 60대의 완숙한 스토리텔러가 되어 천만영화 감독 대열에 오르다니 존경스러운 마음이 든다. 이제 감독의 새로운 대표작이 된 〈서울의 봄〉은 현대사를 다룬 한국영화 중에서 〈변호인〉, 〈1987〉과 함께 서사적 완성도, 사회적 의미, 관객 호응도 측면에서 최고의 작품으로 꼽을 만하다. 시간 순으로 스토리가 이어지는 〈서울의 봄〉, 〈변호인〉, 〈1987〉을 감히 한국영화 최고의 3부작 시리즈라고 부르고 싶다.

1979년 12·12군사반란을 배경으로 한 〈서울의 봄〉은 다양한 아이러니로 점철된 이야기다. 인생이 아이러니이고 아이러니가 스토리텔링의 핵심 키워드란 점에서 심도 있게 살펴볼 만하다. 다만 이번 시퀀스에서는 이전과 다른 방식으로 이야기를 풀어내려 한다. 이전 시퀀스들에서는 여섯 편의 천만영화가 어떻게 관객 소통에 성공했는지를 살펴보면서 캐릭터, 플롯, 주제라는 스토리텔링의 3요소를 망라하고 관객을 쥐락펴락하는 서사 도구들을 소개해 앞으로 유용하게 적용할 수 있는 기본 원칙들을 총정리했다.

이번에는 한 차원 넘어 어떻게 3요소를 유기적으로 엮어내어 스토리텔링 효과를 극대화할 수 있는지에 대해 살펴보고자 한다. 특히 한 영화 안에서 한 가지 키워드(핵심주제)를 중심으로 다양한 서사적 요소들을 어떻게 하나로 연결해 스토리텔링의 응집력을 극대화하고 관객의 감동을 증폭시킬 수 있는지를 다루어보고자 한다. 삶의 아이러니를 은유하는 스토리텔링을 위해 제목, 상황, 대사, 음악, 장면 연출 등 곳곳에 아이러니를 심어 유기적으로 연결시킨 작품이 바로 〈서울의 봄〉이기 때문이다.

아이러니의 서사적 의미

스토리텔링에서 항상 곱씹어 봐야 하는 키워드는 단연

'아이러니irony'다. 모순 또는 부조화를 뜻하는 아이러니는 이야기 친화적인 존재다. 아니 이야기 자체다. 아이러니는 우리의 삶을 비유하는 힘이 있어, 관객들에게 스토리텔링의 의미를 더욱 깊게 각인시킬 수 있는 강력한 키워드가 된다. 맥키는 우리의 삶과 영화의 아이러니를 연결시켜 이렇게 말한다.

"아이러니가 관객에 미치는 효과는 관객들이 보이는 찬탄 어린 반응에 잘 나타난다. '맞아, 인생이란 게 바로 저래.' 이상주의나 비관주의는 관객이 경험하는 현상의 양극단을 묘사한다. 인생이란 항상 봄날의 딸기 맛처럼 상쾌한 것도 아니고, 그렇다고 해서 항상 어둡고 지저분한 것만도 아니다. 인생이란 양자를 모두 포함하고 있다. 최악의 경험으로부터 뭔가 긍정적인 것을 얻을 수 있다. 삶을 풍요롭게 만들어주는 경험을 공짜로 얻을 수는 없는 법이다. 우리가 아무리 우리 인생을 곧게 관통하는 항로를 설정하려 해도, 우리는 결국 아이러니의 파도를 헤치면서 항해해 나가게 된다. 현실이란 잔인할 정도로 아이러니한 것이며 바로 이 때문에 아이러니로 끝맺는 작품이 가장 긴 수명을 얻고 가장 널리 보여지며, 관객들로부터 가장 높은 칭송을 받고 애정을 얻게 되는 것이다."26

사람들은 세상살이와 먼 이야기에 흥미를 느끼지 않는다.

현실세계와 거리가 먼 판타지나 공상과학 영화에서도 인물들 사이의 관계나 감정은 현실의 그것과 비슷하게 설정하는 이유다. 이야기는 곧 삶을 빗댄 것이어야만 한다. 그렇다면 우리가 사는 삶은 어떤가? 찰리 채플린이 남긴 유명한 말처럼 삶은 가까이에서 보면 비극이고, 멀리서 보면 희극이다. 그런 점에서 서로 상반되거나 상충되는 두 개의 조건이 동시에 존재하는 상태나 상황의 대조를 통해 이중적인 의미가 전달되는 것을 뜻하는 아이러니는 삶에 대한 은유로서 인간의 삶을 관통하는 말이나 다름없다.

그래서 아이러니는 삶 속에서도 언제나 사람의 이목을 집중시키는 효과가 있고 영화에서는 이야기를 추동하는 동력이 된다. 아이러니 없이 120분 내외의 장편영화를 지루하지 않게 끌고 가기란 쉽지 않다. 결국 아이러니는 관객의 관심을 사로잡고 이야기를 흥미롭게 만들어준다. 예를 들어, 앞서 다루었던 〈광해, 왕이 된 남자〉에서 광대 하선이 임금의 역할을 한다는 상황적 아이러니가 영화를 시종일관 지탱하는 힘이 되고 이야기를 풍성하게 만들어준 설정이 되었던 것처럼 말이다.

〈서울의 봄〉은 전도된 선악구도라는 아이러니를 전면에 내세운다. 선은 옳은 것이기 때문에 승리해야 할 것 같지만, 현실에서는 선이 언제나 승리하는 것은 아니다. 선한데도 실패할 수 있다. 옳은 것이지만 실패한다는 것, 그것이 〈서울의 봄〉이 집중한 아이러니다. 그리고 여러 서사적 요소들을 통해 이 아이러니를 증폭시키는데, 이는 아이러니 자체가 가진 이야기적 힘 때문에 가능한 일이다. 관객들을 공명시킬 만한 이야기적 힘이 없는데 아무리 증폭시키려 해봤자 무슨 소용이 있겠는가. 그럼 과연 〈서울의 봄〉에서 어떻게 아이러니가 영화 전체를 지배하면서 스토리텔링의 완성도를 높였는지 자세히 들여다보자.

상징적 아이러니

사람에게는 이름이 있고, 상품이나 기업에는 브랜드가 있듯이 영화에는 제목이 있다. 영화에서 제목은 정말 중요하다. 제목은 관객과 소통하는 데에 있어 가장 앞장서는 요소다. 영화를 관람하기 전에 관객을 영화 속 세상으로 안내하는 역할을 하고 관람 후에는 관객의 감상을 의미 있게 정리해 주어 오래 간직할 수 있도록 도와준다. 그래서 모든 영화 마케팅은 제목을 중심으로 이루어진다. 제목이 마케팅의 꽃이라 불리는 이유다.

〈서울의 봄〉은 제목에서부터 모순적 항변이 느껴진다.

'서울의 봄'이란 말은 1979년 10·26사태 이후 유신 체제가 붕괴되어 독재가 끝나고 민주화 시대가 활짝 열릴 거라 기대한 당시 국민들의 열망이 담긴 상징적인 용어다. 1968년 체코슬로바키아의 민주화 운동을 상징하는 '프라하의 봄'에 빗대어 만들어졌다고 한다.

이 영화는 1980년, 대한민국에 그토록 고대하던 봄은 오지 않고 겨울이 길어진 배경을 그리고 있다. 1979년 끝자락 겨울의 이야기인 것이다. 당시의 열망이 담겼던 '서울의 봄'이라는 말은 40여 년이 지난 오늘날에는 현실 속에서 쉽게 다가갈 수 없는 우리들의 이상향 같은 상징으로 이해된다. 영화 전체의 분위기와 태도를 한마디로 규정하면서 다양한 의미로도 해석될 수 있는 영리한 제목이다. 무엇보다도 제목 속에 들어 있는 아이러니한 울림이 관람 전후로 관객들이 느끼는 감정의 파장을 더욱 크게 만들어준다.

비슷한 맥락으로 김지훈 감독의 〈화려한 휴가〉가 떠오른다. 1980년 5·18광주민주화운동을 정면으로 다루는 이 영화는 김상경, 이요원 주연으로 개봉 이후 극장에 730만 명이 넘는 관객을 동원해 흥행에 성공했다. 영화의 제목 옆에는 '80년 5월 18일, 그날의 작전명'이라는 마케팅 슬로건이 따라붙는데, 실제 5·18광주민주화운동을 진압했던 공수부대의 작전명이기도 했던 '화려한 휴가'라는 제목이 영화에서 그려지는 비극적인 참상과 대비되어 슬픈 감정이 더욱 고조된다.

공교롭게도 시대적 배경이 비슷한 〈서울의 봄〉과 〈화려한 휴가〉를 함께 연결하니 제목만 들어도 감정이 출렁인다. 이게 바로 아이러니의 힘이고 파장이다. 〈서울의 봄〉은 '제목이 다했다'라고 해도 과언이 아닐 만큼, 함축적이고 상징적인 제목이 흥행의 파장을 증폭시키는 역할을 톡톡히 해냈다.

이처럼 아이러니한 제목은 언제나 관객의 마음을 흔드는 좋은 제목이 될 수 있다. 예를 하나 더 들어본다면 〈인생은 아름다워〉를 언급하지 않을 수 없다. 이 영화는 제51회 칸 영화제 심사위원 대상을 수상하고, 감독이자 주연으로 열연한 로베르토 베니니에게 제71회 미국 아카데미 남우주연상을 안긴 명작이다. 제2차 세계대전을 배경으로 나치 강제수용소에 갇힌 아버지(로베르토 베니니)가 함께 수감된 다섯 살 난 아들을 지키려는 이야기를 그린다. 특히 가장 슬픈 이야기를 가장 유쾌한 방식으로 보여주었다고 해서 두고두고 회자되는 영화다. 여기서 '인생은 아름다워'라는 제목은 여타 여러 영화와 드라마에서도 자주 애용되고 있는데, 다소 평범해 보이는 제목도 아이러니하게 쓰인다면 훌륭한 제목이 될 수 있다는 걸 〈인생은 아름다워〉가 직접 증명해 냈다.

구조적 아이러니

가장 초보적인 질문을 하나 해보자. 〈서울의 봄〉의 주인 공은 누구인가? 보안사령관 전두광(황정민)? 수경사령관 이 태신(정우성)이 아니고? 물론 관객의 입장에서는 이태신이 주인공이라 생각할 수 있다. 그게 틀린 것은 아니다. 감정이 입할 수 있는 인물이기 때문이다. 다만 서사적으로 플롯을 주도적으로 끌고 가는 인물로 보자면 전두광 캐릭터가 주 동인물이고 이태신 캐릭터는 반동인물이다.

권력의 정점에 서고자 하는 프로타고니스트 전두광의 욕 망이 이야기 전체를 이끌고 간다. 이에 정면으로 맞서는 역 할은 안타고니스트 이태신에게 맡겨진다. 그밖에도 다양한 인물이 등장하고 서로의 이해관계가 복잡하게 얽히지만 전 두광과 이태신의 충돌이 이 영화의 메인플롯이다. 긴박하 고 복잡다단한 사건 전개를 전두광과 이태신의 대결 구도 에 초점을 맞춘 플롯을 전면에 내세워 보여준 건 대중영화 로서 탁월한 선택이다. 이를 통해 관객은 스토리를 직관적 으로 소화할 수 있었고, 이것이 〈서울의 봄〉이 천만영화가 된 결정적 요인이기 때문이다.

영화에서 주인공은 보통 관객의 입장에서 감정이입의 대 상이어야 하고, 영화는 관객으로 하여금 주인공이 성취하고자 하는 바를 응원하고 그것이 반드시 이루어졌으면 하는 바람을 가지도록 해야 한다. 그게 재미의 실체이고 대중 영화가 작동하는 원리다. 마치 스포츠 경기를 볼 때 응원하는 팀이 있고 그 팀이 꼭 이기기를 바라는 마음이 있으면 경기가 훨씬 더 재미있는 것처럼 말이다.

그런데 우리는 〈서울의 봄〉을 보면서 주인공 전두광을 응원할 수 있는가? 관객은 그가 반드시 승리하기를 바라는가? 그가 보통 사람들이 감정이입할 수 있는 인물인가? 대다수의 관객들은 그럴 수 없을 것이다. 전두광이 악인이기 때문이다. 오히려 이태신이란 인물에 감정이입하고 이태신을 응원하고 이태신이 전두광을 꼭 막아주었으면 하는 마음이 앞서는 게 인지상정이다.

끝내 악인 전두광은 승리하고 그들만의 리그에서 영웅이 된다. 영화의 결말이 관객의 바람대로 맺어지지 않는다. 악인 주동인물과 선인 반동인물의 대결이라는 서사적으로 전도된 역할 구도에서 종국에 악인이 승리한다는 플롯은 대중영화에서 흔히 볼 수 없는 시도다. 김성수 감독은 자신의 전작 〈아수라〉에서도 악인들을 플롯의 중심에 둔 적이 있다. 〈아수라〉는 악인들의 지옥도를 보여주면서 너나 나나 세상에는 모두가 다 나쁜 놈뿐이라는 결론에 이른다.

물론 다소 악인스러운 캐릭터의 주인공이 자기보다 더 악한 인간이나 타락한 세상을 응징하는 반영웅영화가 있기는 하지만 전두광의 캐릭터는 그런 반영웅 주인공도 아니다. 〈서울의 봄〉은 그냥 악인 전두광이 승리하는, 선인 이태신이 패배하는 아이러니한 이야기를 보여준다.

그래서 〈서울의 봄〉은 주인공의 통쾌한 승리에서 오는 관객의 카타르시스는 없다. 대신 불굴의 의지로 악에 끝까지 맞서 싸우는 이태신의 기개와 그가 이길 수 없는 현실적 아이러니가 관객들의 분노와 감동을 증폭시킨다. 선인이 승리한다는 것이 판타지라고 느껴질 만큼 잔인한 현실의 은유가 빛나는 대목이다.

주제적 아이러니

이제 영화의 이야기를 조금 더 자세히 살펴보자. 영화 초반, 이태신은 수도경비사령부를 맡아달라는 참모총장 정상호(이성민)의 당부를 거절한다. 이때 관객은 군은 이미 정치적으로 돌아가는 상황이란 걸 알 수 있다. 정치군인의 길에 관심이 없는 이태신이 군의 핵심 요직인 수경사령관직을 단호히 거절하자, 전두광은 정치권력에 야심이 있다는 걸 간파한 참모총장은 이태신을 재차 설득한다. 혼자서는 할 수 있는 게 없다고, 같이 싸워달라고. 이는 군은 군다워야 하고 군의 정치 관여는 옳지 않다는 이태신의 신념을 흔든다. 결국 이태신은 수경사령관직을 수락하고 전두광과 하나회 무리에 맞서 싸우기로 한다.

한편 전두광은 오래전부터 하나회를 통해 군을 장악하고 있었는데, 그런 그에게 권력을 차지할 수 있는 절호의 기회가 찾아온다. 대통령이 피살된 사건으로 권력에 공백이 생기고 그 사건의 수사 책임을 맡는 합동수사본부장이 되어 전권을 휘두른다. 그 과정에서 걸림돌을 하나씩 제거하며 야심을 키워나간다. 참모총장 정상호, 헌병감 김준엽(김성균), 특전사령관 공수혁(정만식) 그리고 마지막에 수경사령관 이태신까지. 이때 전두광의 모습은 권력을 탐하는 인간 본능에 충실한 '욕망의 화신'이다.

따라서 보안사령관 전두광과 수경사령관 이태신의 충돌은 '욕망'과 '신념'의 대결이 된다. 전두광의 욕망은 탐욕이 되고 탐욕은 다시 야욕이 되어 상승 작용을 일으키면서 더욱 강해지고 공세적이 된다. 욕망은 실리를 추구하기에 세력을 규합하는 것이 상대적으로 유리하다. 신념은 본디 가치를 지키는 것이어서 애초부터 이태신은 수세적일 수밖에 없다. 또한 신념은 명분에 호소하기 때문에 전파력이 약해, 단시간 내에 세력이 확장되기 어렵다. 전두광의 반란군은 일방적인 명령에 의해 움직인다. 이태신의 진압군은 서로 부탁하고 설득한다. 긴박한 상황에서 승부는 뻔하다.

마침내 욕망이 신념을 이긴다는 씁쓸하지만 너무나도 현실적인 세계관이 영화를 관통한다. 명분과 대의는 실리와 현실을 이길 수 없다는 주제가 관객의 마음을 크게 요동치게 만든다. 〈서울의 봄〉은 12·12군사반란을 배경으로 이성적 판단이 통하지 않는 세상을 그리고, 전두광과 이태신이라는 두 인물을 내세워 오늘날 우리의 현실적인 삶의 아이러니를 은유함으로써 관객의 내면세계에 울림을 증폭시킨다.

여기서 중첩되는 드라마가 있다. 바로 김은숙 작가의 넷플릭스 16부작 시리즈 〈더 글로리〉다. 문동은(송혜교)을 중심으로 한 주여정(이도현), 강현남(염혜란), 하도영(정성일)의 피해자 그룹과 박연진(임지연)을 중심으로 한 전재준(박성훈), 이사라(김히어라), 최혜정(차주영), 손명오(김건우)의 가해자 그룹의 대결에서 피해자 그룹이 승리한다는 이야기를 담고 있다. 가해자 박연진이 피해자 문동은에게 패배한 것이다. 공감과 애정으로 연결된 피해자 그룹이 결국 이해타산으로 연결된 가해자 그룹을 파멸시키는 드라마 〈더 글로리〉는 〈서울의 봄〉과 비슷한 맥락을 다루면서도 상반된 전개와 결말을 보여준다.

두 작품이 주제적으로 서로 대조를 이룬다는 면에서 이야기란 무엇인가를 다시 한번 생각해 보게 한다. 드라마 〈더 글로리〉는 선인이 악인을 이기는 통쾌함을 주지만, 〈서울의 봄〉은 선인이 악인에게 패배하는 씁쓸함을 준다. 〈서울의 봄〉은 지나치게 현실적이지만 드라마 〈더 글로리〉는 다소 판타지적이다. 결국 〈서울의 봄〉의 성공은 씁쓸하지만 우리의 인생과 지독하게 닮은 아이러니의 감동이 통쾌함 못지않게, 아니 그 이상으로 커질 수 있다는 걸 보여준 게 아닐까.

비유적 아이러니

영화가 후반부 클라이맥스를 앞둔 시점에 인상적인 장면 하나가 연출된다. 전두광과 반란군에 의해 육군본부가 접수되고 서울이 거의 장악되었을 무렵, 이태신 곁에는 참모총장 정상호도 없고, 헌병감 김준엽도 없고, 특전사령관 공수혁도 없다. 참모차장 민성배(유성주)와 국방장관 오국상(김의성)은 반란군의 편이다. 승세는 이미 기울었다. 이태신과 진압군에게 절대적으로 불리한 전세다.

바로 이 순간 〈서울의 봄〉은 〈명량〉에서 출정 직전 이순신의 상황과 중첩된다. 1597년 조선 수군은 칠천량해전에서 대패하여 전력과 사기가 바닥을 친다. 아군의 장수와 병사 모두 이제 전쟁을 포기하자고 한다. 아들 이회도 아버지의 참전을 만류한다. 선조는 이순신에게 바다를 내주고 육군에 합류하라 명한다. 적장 구루지마는 막강한 선도 부대와 함께 이순신을 잡으러 코앞에 당도해 있다. 이순신은 겨우 12척의 배로 왜군 330척의 함대를 상대해야 한다. 이순신과 조선 수군에게 절대적으로 불리한 전세다.

영화는 이태신이 진압군의 마지막 출동을 앞두고 이순신을 영접하게 만든다. 출동 직전 수경사령관 집무실에서 수경사 작전참모 강동찬(남윤호)은 사령관을 만류한다. 이제다 돌아서고 사령관님 혼자 남았다고, 그만하자고. 이때 벽에 걸려 있는 '死則生사즉생'이라고 쓰인 액자가 화면 안으로 들어와 이순신을 소환한다. 구국의 결단, 이태신은 결기 가득한 연병장 연설을 마치고 출동한다. 〈명량〉에서 출정 직전 병사들을 모아놓고 "죽기를 각오하면 살 것이오. 살고자 하는 자는 죽을 것이다"라고 피를 토하며 외치는 이순신의 모습이 연상된다. 진압군이 세종로를 지나 광화문으로 향할 때, 이태신이 이순신의 동상을 바라보는 장면은 민족의 영웅, 이순신과 하나가 되는 느낌을 만든다.

하지만 승리의 아이콘 이순신과는 달리 패배할 수밖에 없는 이태신의 운명적 아이러니가 관객의 마음을 더욱 착잡하게 만든다. 수경사령관의 이름이 '이태신'인 것도 우연이 아니다. 이순신의 이름과 이태신 캐릭터의 실존인물 장태완의 이름을 섞은 것이 분명하기 때문이다. 그렇게 탄생한 최고의 영화적 캐릭터 이태신이 관객의 정서를 대변한다. 바로 이 점이 〈서울의 봄〉의 백미다. 영화의 반동인물 이태신에게 온 국민이 사랑하고 응원하는 이순신의 이미지를 입혀 그의 운명의 아이러니를 극명하게 보여준다. 끝내 관객이 응원하는 인물은 승리하지 못한다. 아이러니가 다시 한번 관객을 감싼다.

장면적 아이러니

영화 막바지, 합동수사본부장 전두광과 하나회 무리는 군사 반란을 성공시키고 참모총장이자 계엄사령관인 정상호의 체포 동의서에 대통령의 사후 재가를 받아 승리를 최종 확정한다. 이어서 승리를 자축하는 파티가 진행되면서 〈서울의 봄〉의 이야기가 끝난다. 음주 가무에 취한 반란군의 축하연 장면이 영화의 엔딩 시퀀스인데, 파티 장면만으로 구성된 건 아니다. 반란군의 반대편에 섰던 주요인물의 말로가 파티 장면 사이사이에 교차로 삽입된다.

춤추고 노래하는 반란군들의 모습 사이사이 부상당한 채

로 병실에 홀로 앉아 있는 특전사령관 공수혁, 고문을 당하며 취조를 받고 있는 수경사령관 이태신, 감옥으로 끌려 들어오는 헌병감 김준엽, 처참한 몰골로 여전히 취조를 받고 있는 참모총장 정상호의 모습이 삽입되다가 어두운 방 안에 홀로 앉아 고개를 숙인 이태신의 모습을 마지막으로 교차편집 시퀀스가 끝난다.

이런 교차편집 시퀀스는 영화에서 종종 등장해 명장면이 되곤 하는데, 원조 격으로 자주 언급되는 영화가 바로 고전 명작 프란시스 포드 코폴라 감독의 〈대부〉다. 아버지 돈 비토 코를레오네(말론 브란도)의 뒤를 이어 마침내 마피아의 수장에 오르게 된 삼남 마이클은 여동생 코니(탈리아 샤이어)가 낳은 딸의 대부가 되기로 하고 성스러운 세례식에 참석한다. 이때 〈대부〉는 성당에서 어린아이의 세례식을 거행하는 장면과 경쟁 구도의 마피아 보스들이 하나씩 살해되는 과정을 서로 교차시키면서 보여준다.

특히 사탄을 멀리하겠냐는 신부의 여러 차례 질문에 마이클이 그러겠다고 맹세하는 순간마다 다섯 명의 마피아 수장들이 차례로 죽어가는 장면을 교차시켜 아이러니가 극대화되는 장면은 압권이다. 이로써 마이클은 가족을 지키기 위해 자신을 배신한 가족마저도 죽일 수 있는 냉혹한 대부가 된다. 이런 〈대부〉의 아이러니한 엔딩은 영화의 시그니

처 장면이 되어 두고두고 명장면으로 회자된다.

〈서울의 봄〉에서 반란군과 진압군, 전두광과 이태신, 승자와 패자의 모습을 극단적으로 대조시키는 교차편집의 엔딩 장면은 관객의 감정을 부글부글 끓게 만든다. 악한 승자는 기쁨을 누리고 선한 패자는 고통을 받는 아이러니한 장면을 극명하게 대비시켜 보여줌으로써 감정을 고조시키는 탁월한 영화적 마무리로 기억될 만하다.

감성적 아이러니

이제 〈서울의 봄〉의 이야기가 모두 끝나고 에필로그 장면으로 대미를 장식한다. 거사를 성공한 전두광과 하나회 무리는 모두 모여 단체 사진을 찍는다. 영화 속 사진이 1979년 당시 신군부의 실제 단체 사진과 겹쳐지고 음악과 함께 엔딩 크레딧이 떠오른다. 대단원의 막을 내리는 순간에 삽입된 엔딩 테마곡이 바로 군가 〈전선을 간다〉다.

군가는 보통 군대의 사기를 진작하기 위한 것이 주된 목적이어서 밝고 경쾌하고 힘차게 불리는 행진곡풍 노래들이 많은 편이다. 그런데 이 노래 〈전선을 간다〉는 비장하고 처연하고 감성적인 느낌이 강하다. 이 노래를 듣거나 부르면 단순히 주먹이 쥐어지고 앞으로 돌격해야 한다는 결연한 생각보다는 오히려 복잡하고 착잡한 심정에 사로잡히게 된다. 감성 자극 군가라니 참 아이러니하다. 전두환 정부 당시인 1981년에 발표된 이 노래는 국방부 공모 군가 부문 가작으로 수상한 데다가 국군 장병 사이에서 가장 인기 있는 군가 1위로 뽑히곤 한다.27 세상 정말 아이러니하다.

김성수 감독은 개봉 당시 한 인터뷰에서 곡과의 인연을 이렇게 밝혔다. "훈련소에서 들었던 군가는 다 별로였던 것 같은데 〈전선을 간다〉는 좋았던 것 같다. 그 노래는 비장하다. 전선에서 용감하게 전진하는 병사들에게 '총알이 날아오지만 죽어라'는 식으로 독려하는 노래다. 노래 가사도, 음률도. 전투를 끝내고 허망한 병사들에게 무언가 말을 한다. 그럼에도 계속 전진하라고. 문학적인 느낌이 들었다. 되게 사실적이다. 군대 있을 때 보초를 서는데 저도 그 노래를 흥얼거리더라. 〈아수라〉를 함께했던 이재진 음악감독과 처음 미팅할 때 '이 군가는 반드시 써야한다'고 그랬다. 이재진 감독도 '굉장히 좋네요. 잘 선택한 것 같다'고 말하더라. 영화에서는 이 곡이 엔딩말고도 다섯 번 정도 변주되어 사용된다. 음악감독님이 잘 만들어주셨다."28 이를 보면 군가 〈전선을 간다〉와 〈서울의 봄〉의 조우는 아이러니와 함께 숙명처럼 느껴진다.

다만 〈서울의 봄〉에서는 원곡의 가사를 바꿔서 삽입했다. 2절 가사 중 앞부분 "푸른 숲 맑은 물 숨쉬는 산하, 봄이 온 전선을 우리는 간다"가 영화에서는 1절의 앞부분과 동일하게 "높은 산 깊은 골 적막한 산하, 눈 내린 전선을 우리는 간다"로 나온다. 서울에는, 아니 대한민국에는 결국 봄이 오지 않았다는 걸 개사를 통해 다시 한번 강조한 것이다.

그리고 후렴구 "전우여 들리는가 그 성난 목소리, 전우여 보이는가 한 맺힌 눈동자"를 원곡보다 한 번 더 힘주어 부르면서 영화가 끝난다. 결국 영화에서 더 감성적으로 편곡되어 삽입된 이 군가는 관객들의 마음속 깊이 박히면서 가슴이 먹먹해지고 처연한 느낌이 오래 남아 맴돌도록 도와준다. 이처럼 〈서울의 봄〉은 아이러니가 영화 전체를 관통하고 연결하도록 하여, 관객 또한 아이러니한 감정을 가지고 극장 문을 나설 수밖에 없다.

언어적 아이러니

제목부터 음악까지 영화 곳곳에서 아이러니를 증폭시키기 위해 노력한 〈서울의 봄〉은 대사마저도 치밀하게 짜여 있다. 〈서울의 봄〉이 남긴 수많은 명대사 중 대부분에서 아이러니가 표현되고 있다. 아이러니를 강조하기 위해 세심하게 써진 대사들은 주제를 더욱 선명하게 드러내면서 전체 이야기를 더욱 감동적으로 만들어준다. 영화에서 핵심적인 대사 다섯 마디만 짚어보자.

- **대사 1**

박 대통령 시해사건 수사 발표로 점점 권력의 중심에 다가가는 전두광은 참모총장 정상호 주재의 전군지휘관회의 참석 차 육군본부에 도착한다. 건물 입구에서 많은 기자에게 둘러싸이는데, 향후 민주화 가능성에 대한 한 기자의 질문에 반문한다. "대한민국이 뭐 이때까지 민주주의 안 하고 살았습니까?"

- **대사 2**

수경사령관으로 거론되던 이태신은 전군지휘관회의장에서 나오면서 복도에서 전두광 일당과 맞닥뜨린다. 이때 축하한다고 비꼬며 같은 편을 하자는 전두광에게 일침을 놓는다. "대한민국 육군은 다 같은 편입니다."

- **대사 3**

참모총장 정상호 체포에 성공했지만 대통령의 재가를 받지 못하고 전군에 진돗개 하나가 발령된다. 위기에 빠진 전두광은 자신을 질책

하는 선배들을 향해 이를 악물고 소리친다. "실패하면 반역, 성공하면 혁명 아닙니까!"

· 대사 4

마지막 광화문 앞 대치 상황에서 마침내 수경사령관의 직위가 해제된 이태신은 분을 삼키며 부하들에게 마지막 당부를 한다. "대한민국에서 가장 무능한 사령관 모시느라 애들 썼다. (…) 사령관으로서 너희에게 부탁 하나 하자. 절대 나 따라오지 마라."

· 대사 5

영화의 엔딩 장면. 전두광은 승리의 자축연을 벌이면서 호기롭게 건배사를 한다. "우리는 이제부터, 국가와 민족을, 그 다음에 국민을 위해서 다 죽었다고 합시다. 대한민국을 위해서 우리는 하나다!"

이와 같이 영화에서 중요한 고비 때마다 등장하는 힘 있는 대사는 그냥 말이나 단순한 상황 설명을 넘어 이야기를 추동하는 액션으로 작용하여 서사적 매력을 배가한다. 더욱이 아이러니의 언어로 써진 대사는 관객들의 머리와 가슴을 동시에 겨냥하여 깊은 사유를 유도하고 감정을 끌어올리는 효과가 있다. 결국 이런 아이러니한 대사들은 이야기 속의 비극적이지만 현실적인 상황과 잘 어우러지면서

〈서울의 봄〉을 더욱 풍성하고 의미 있게 만들어준다.

극적 아이러니

기본적으로 작가는 영화를 보는 관객이 이야기의 흐름을 잘 이해하고 극 중 진행되는 상황을 순조롭게 따라갈 수 있기를 바란다. 그래서 어떤 영화이건 각자 나름의 방법으로 인물, 사건, 배경 등의 스토리 정보를 관객에게 적절하게 알려주면서 이야기를 진행시킨다. 이런 스토리 정보는 극 중 등장인물에게도 필요한 것이다. 그런데 등장인물은 모르는 스토리 정보를 관객이 알고 있다면 어떨까? 관객이 등장인물보다 더 많은 스토리 정보를 가지고 우월한 위치에 있는 상황이 '극적 아이러니'라고 앞서 기술한 바 있다.

예를 들면, 〈기생충〉에서 반지하에 살고 있는 기택의 가족은 부잣집 박사장의 가족 모두를 속이면서 부정한 방법으로 한 명씩 차례로 박사장의 저택에 침입(취직)하여 점령하고 살게 된다. 관객은 이런 스토리 정보를 처음부터 다 알고 있지만 주인집 가족은 모르는 상태에서 이야기가 진행된다. 이때 관객은 정보를 몰랐던 등장인물들이 이를 알게 될까 봐 애타게 조마조마하면서 영화에 정서적으로 몰입하게 된다. 이처럼 영상으로 이야기를 풀어가는 영화는 극적 아이러니를 효과적으로 전달할 수 있는 매체다.

그런데 〈서울의 봄〉에서는 극적 아이러니가 다른 방식으로 작동한다. 역사가 영화의 스포일러란 말이 있는데, 역사의 기록을 토대로 구성한 영화는 보통 관객들이 미리 실제 사건의 정보를 알고 영화를 본다. 극 중 전두광이 군사 반란을 일으키고 끝내 승리한다는 사실을 대부분의 관객들은 역사를 통해 이미 알고 있는 상태로 영화를 관람하기 때문에 이때 극적 아이러니가 자동적으로 동작한다. 마치 같은 영화를 두 번째 볼 때 조금 다른 감정을 가지고 보게 되는 것처럼 말이다.

실화의 내용을 이미 알고 있는 관객은 〈서울의 봄〉의 모든 등장인물들보다 먼저 그들의 운명을 알고 있는 전지적 시점에서 영화를 보게 된다. 그래서 관객은 영화를 보는 내내 등장인물들에게 안타까움과 연민의 감정을 가진다. 특히 참모총장 정상호, 헌병감 김준엽, 특전사령관 공수혁, 수경사령관 이태신의 운명을 이미 알고 있기에 그들의 안전을 걱정하는 마음에 두려워지고 불안해진다. 결국 관객들은 그들에 대한 측은지심에 연민이 깊어지다가 공포의 지경에까지 이르게 된다. 이게 바로 관객이 정서적으로 영화에 몰입하게 만들고 극적 긴장감을 유지해 주는 극적 아이러니의 효과다.

결론적으로 〈서울의 봄〉은 결말이 뻔히 알려져 있고(실제 사건), 응원할 수 없는 주인공(전두광)을 등장시켜, 감정이입한 인물(이태신)의 패배를 그린다는 점에서 대중영화에서 흔치 않은 스토리텔링을 보여준다. 그럼에도 전두광과 이태신의 대결 구도로 엎치락뒤치락 팽팽하게 끝까지 몰고 가는 힘 있는 플롯을 구석구석에 심은 아이러니로 유려하게 포장해, 우리의 현실적이고 보편적인 삶으로 은유함으로써 관객의 감성과 이성을 동시에 자극한다. 영화 전체를 '아이러니'라는 키워드로 절묘하게 엮어내 대중영화로서도 성공한 타이틀을 거머쥘 수 있었던 것이다. 이 점이 감동의 울림을 증폭시키고 천만영화로 만들어준 핵심적인 비결이다.

아이러니는 우리가 사는 현실의 복잡성을 반영한다. 우리는 아이러니를 통해 삶을 더 잘 이해할 수 있다. 아이러니를 통해 진실을 드러낼 수도 있다. 이게 스토리텔링의 목적이다. 그렇기 때문에 스토리텔링에 성공한 다른 천만영화 곳곳에서도 아이러니를 찾아볼 수 있다. 자신의 목적을 달성하기 위해 동료들까지 속이는 마카오박의 〈도둑들〉에도, 광대 신분으로 임금의 역할을 맡는 하선의 〈광해, 왕이 된 남자〉에도, 모두가 반대하는 전쟁에 출정해야만 하는 이순신의 〈명량〉에도, 가족을 위해 자신의 희생과 헌신을 감내해야 하는 덕수의 〈국제시장〉에도, 계속 돈벌이에만 치중한다면 진정한 변호인이 될 수 없는 송우석의 〈변호인〉에도, 딸을 살리려면 자신이 죽어야 하는 아버지 용구의 〈7번방의 선물〉에도 어김없이 아이러니가 존재한다.

우리의 현실이, 우리의 인생이, 우리의 세상이 그 자체로 잔인할 정도로 아이러니하기에 영화에서 그려지는 아이러니가 주는 울림은 더욱 크게 공명한다. 스토리는 삶의 모습을 담고 있어야 하지만 아무런 깊이나 의미가 없는 보통 삶의 단순한 복사판이 되어서는 곤란하다.29 누군가(주인공)의 삶을 그려내 우리(관객)의 삶으로 느끼고 받아들이게 해야 한다. 그것이 바로 스토리텔링이다. 그리고 잊지 말자. 스토리텔링의 핵심 키워드는 '갈등, 딜레마, 아이러니'라는 것을. 〈다크 나이트〉가 딜레마의 참고서라면, 〈서울의 봄〉은 아이러니의 교과서다.

아이러니는 우리가 가진 신념과 가치를 되돌아보게 만든다.

— 조지 오웰

관객은 속편에서

전편과 다른 새로움 또한 기대한다.

관객들은 친숙함과 참신함,

다시 말해 익숙한 재미와 새로운 자극을

동시에 원한다는 뜻이다.

시퀀스⑧ 시리즈 기획

지킬 것과
새롭게 할 것을
명확하게 하라

범죄도시 시리즈 ————————————

관객 4175만 명

(1편 688만 명, 2편 1269만 명, 3편 1068만 명, 4편 1150만 명)

장르 범죄, 액션 **출연** 마동석 등

줄거리 괴물형사 마석도, 나쁜 놈이 출몰하는 곳 어디든 주먹 한 방으로 싹 쓸어버린다. 2004년, 하얼빈에서 단숨에 조직을 정리하고 서울 가리봉동으로 넘어와 사채 빚을 추징하며 살인까지 일삼는 흑룡파 장첸 일당을 소탕한 마석도, 4년 후 베트남에서 한국인을 대상으로 마체테를 휘두르며 납치와 살인을 일삼았던 강해상을 때려잡는다. 2015년, 서울 광수대에 발탁된 마석도는 일본 야쿠자와 손을 잡고 마약 밀수를 하던 부패 경찰 주성철마저 검거에 성공한다. 그로부터 3년 뒤 필리핀에 거점을 두고 납치, 감금, 폭행, 살인으로 대한민국 온라인 불법 도박 시장을 장악한 특수부대 용병 출신 백창기를 잡기 위해 분투하는데…. 나쁜 놈 잡는 데에는 이유도 국경도 없다.

관객을 보다 빨리 이야기에 끌어들이기를 원한다면, 장르의 풋말을 사용하라. 그런 풋말들은 처음부터 관객을 이야기 속으로 유인할 수 있는 매우 손쉬운 수단이다.

– 켄 댄시거, 제프 러시, 《얼터너티브 시나리오》

〈범죄도시〉는 한국영화의 르네상스 시대가 절정으로 치닫던 2017년, 추석 전날 전국 극장에서 개봉했다. 계절의 분위기와 딱히 어울리는 영화는 아니었지만 그해 명절과 가을을 피로 물들이며 새로운 형사 마석도의 탄생과 강력한 빌런 장첸의 등장으로 큰 화제를 불러일으켰다. 청소년관람불가 영화로는 이례적으로 688만 명의 극장 관객을 동원해 흥행에도 깜짝 성공했다.

그러나 내가 더 주목한 건 영화의 상업적인 성과보다 이 영화가 세상에 나오기까지의 과정이다. 〈범죄도시〉는 오랜 시간 포기하지 않은 강윤성 감독의 열정과 기획력 있는 주연배우 마동석, 역량 있는 프로듀서 김홍백, 장원석의 뚝심이 합쳐져 우여곡절 끝에 기획 의도 그대로 세상에 소개됐다. 특히 강 감독은 이 영화로 각종 시상식에서 신인감독상을 휩쓸었다. 개봉 당시 그의 나이가 마흔여섯 살로, 상업영화 감독으로는 늦깎이 데뷔라는 점이 무척 인상적이다. 이후 강윤성 감독은 수많은 감독 지망생에게 희망의 아이콘이 되었다.

〈범죄도시〉는 "형사물이라기보다 마동석 캐릭터의 슈퍼히어로물"이라는 영화평론가 황진미의 한 줄 평처럼 프랜차이즈 영화의 초석이 될 만큼 탄탄하게 다져진 영화다. 코로나 팬데믹이 정점을 찍은 2022년, 여타 상업영화들이 개봉을 미루고 극장가가 썰렁할 때 업계의 우려를 무릅쓰고 당당히 속편 〈범죄도시2〉가 개봉했다. 결과는 초특급 흥행성공으로 영화 업계에 적잖이 충격을 안김과 동시에 침체된 극장 시장에 회복의 신호탄을 쏘면서 천만영화에 등극했다.

이후 후속편 〈범죄도시3〉과 〈범죄도시4〉마저도 잇달아 천만관객을 기록하면서 같은 제목의 시리즈영화가 세 편 연속 천만영화가 되는 신화를 이루었다. 사실 시리즈영화 네 편 모두 연속으로 대박 흥행을 기록한 것은 한 세기가 넘는 영화 역사상 전 세계적으로도 보기 드문 사건이다.

무엇보다도 2편, 3편, 4편을 각각 2022년, 2023년, 2024년에 1년 단위로 해마다 개봉시킨 제작진의 추진력과 8편까지 이미 구상이 끝나 있다는 기획력에 놀라움을 금할 수가 없다. 〈범죄도시〉보다 2년 먼저 개봉한 〈베테랑〉의 속편 〈베테랑2〉가 전편 개봉 9년 만에 세상에 나온 것과 사뭇 대조를 이룬다.

　한 영화를 토대로 계속 후속편이 제작되어 시리즈를 만든다는 것은 영화 기획자들과 영화 비즈니스 종사자들에게 마치 꿈과 같은 일이다. 이는 드라마, 애니메이션, 웹툰, 웹소설 등 다른 서사 매체의 콘텐츠 기획자들에게도 마찬가지다. 더욱이 콘텐츠 업계에서는 같은 매체로 후속편이 이어지는 것뿐만 아니라 다른 여러 매체로까지 전이되면서 세계관이 광범위하게 확장되는 더 큰 꿈을 꾸기도 한다. 이를 원소스 멀티유즈One Source Multi Use라 부르는데, 최근에는 보다 적극적인 개념의 트랜스미디어 스토리텔링transmedia storytelling이라는 용어로 대체하는 추세다. 하나의 콘텐츠를 여러 미디어에서 사업적으로 변주하는 원소스 멀티유즈보다 스토리의 세계관 확장에 초점을 맞춘 트랜스미디어 스토리텔링은 창작자(작가) 주도 시대, 스토리텔링 중심 시대, IP 시대를 반영한 용어이자 개념으로 받아들여지고 있다.

　지적재산권Intellectual Property을 뜻하는 IP라는 말이 영화를 비롯한 콘텐츠 업계의 핵심 키워드로 떠오른 지 조금 되었는데, 이제 IP라는 용어는 일반명사가 아니라 '확장 가능한 원천 콘텐츠'라는 가치가 담긴 고유명사가 되었다. 그리고 그런 IP를 중심으로 확장된 여러 콘텐츠의 연합체를 미디어 프랜차이즈media franchise라고 하는데, 〈범죄도시〉 시리즈는 어느새 프랜차이즈 영화로 자리를 잡았다. 바로 그 중심에 원천 IP, 〈범죄도시〉가 있다.

프랜차이즈가 되었다는 것은 어느 정도 사업 영역(거점)이 확보되고 충분한 팬덤이 구축되어 있는 상태를 의미하는데, 다양한 방향의 콘텐츠로 확장 가능한 기반이 조성되었다는 뜻이기도 하다. 이번 마지막 시퀀스에서는 〈범죄도시〉 시리즈가 어떻게 후속편을 꾸준히 이어가면서 프랜차이즈를 공고히 다지며 가치 있는 IP가 되었는지를 살펴보고자 한다.

강력한 시리즈의 탄생

한 편의 영화에 그치지 않고 그 영화를 토대로 이야기를 확장하는 경우가 종종 있는데, 천만영화 중에서는 어떤 사례가 있는지 살펴보자. 우선 다양한 방식으로 확장을 시도한 천만영화 사례를 정리하고 이어서 시리즈가 연속 천만 영화가 된 사례를 짚어보고자 한다.

가장 먼저 역대 흥행 1위인 〈명량〉의 경우에는 〈한산: 용의 출현〉, 〈노량: 죽음의 바다〉로 이어지는 이순신 영화 3부작으로 10년에 걸쳐 확장되었는데, 역사 속 위인 한 사람의 세 가지 사건을 선별해 기획되었다. 하지만 세 편에서 각기 주인공 역할을 맡은 배우가 달라 서사적으로 연결되는 시리즈라고 보기에 다소 무리가 있다. 그리고 후속편으로 갈수록 관객 수가 점점 줄어드는 아쉬움을 남겼다.

〈베테랑2〉는 팬들로부터 속편으로서의 미덕이 부족하다는 평가가 있었고 〈부산행〉은 속편 〈반도〉로 이어졌는데 전편에서 주인공이 죽어 속편에서는 새 주인공 한정석(강동원)이 등장하여 세계관은 연결되지만 완전히 다른 방향의 이야기로 확장을 시도했다. 그러나 두 경우 모두 아직 시리즈의 정체성이 확실하게 잡히지 않은 상태로 보이고 속편 흥행이 기대에 다소 못 미쳐 후속편 제작이 계속 이어질지는 미지수다.

시리즈 연작이 아닌 원천 IP를 중심으로 여러 매체로 확장된 사례도 있다. 〈광해, 왕이 된 남자〉는 연극 〈광해, 왕이 된 남자〉로 무대에 올랐고, 여진구 주연의 16부작 드라마 〈왕이 된 남자〉는 tvN에서 방영되었으며 영화와 드라마를 원작으로 한 소설 《광해, 왕이 된 남자》와 《왕이 된 남자 1·2》가 각각 출판됐다. 이는 영화계에서는 보기 드물게 영화 자체를 원작으로 두고 트랜스미디어 스토리텔링을 시도한 사례로 의미를 부여할 만하다.

연속으로 천만영화에 등극한 대표적인 사례로는 '신과함께' 시리즈와 〈어벤져스〉 시리즈를 꼽을 수 있다. 〈신과함께: 죄와 벌〉과 〈신과함께: 인과 연〉은 주호민 작가의 동명 웹툰이 원작인데 후속편영화가 예고된 바 있고, 〈어벤져스: 인피니티 워〉와 〈어벤져스: 엔드게임〉은 원작인 마블의 만화를 토대로 새롭게 부활시킨 마블 시네마틱 유니버스Marvel Cinematic Universe의 대미를 장식했다. 특히 이 두 시리즈는 원작 IP 기반의 확장 사례라는 공통점이 있다.

애니메이션과 뮤지컬을 결합한 천만영화 〈겨울왕국〉과 〈겨울왕국2〉는 디즈니라는 기업(브랜드)에 가장 걸맞은 방식으로 확장된 경우이고, 〈아바타〉에 이어 천만영화에 등극한 속편 〈아바타: 물의 길〉에서는 시리즈영화의 정체성이 확립되면서 오랜 시간 치밀하게 준비한 탄탄한 세계관을 가진 초대형 장기 프랜차이즈 영화의 교두보가 되었다. 이미 5편까지 제작이 예정되어 있고 6편과 7편의 제작 가능성도 열어둔 상태다.[30]

그렇다면 〈범죄도시〉 시리즈는 어떠한가? 우선 원작이

따로 없는 영화 자체로 오리지널 세계관이 창조되었다는 점에 큰 의미를 부여하고 싶다. 디즈니 같은 기업의 마케팅 전략에 힘입은 것도 아니고 순수하게 제작진들의 열정과 추진력만으로 충실히 시리즈를 이어가고 있는 것이 참 놀랍다. 그런데도 벌써 4편까지 모두 흥행에 성공했고 8편까지 제작이 계획되어 있어 시리즈영화를 넘어 명실상부한 프랜차이즈 영화가 되었다. 슈퍼 IP가 되어 향후 여러 다양한 방향과 매체로 확장되는 〈범죄도시〉 세계관의 트랜스미디어 스토리텔링이 기대된다.

한국 형사영화의 계보

스토리를 부른다는 3대 직업군이 있다. 바로 '경찰, 의사, 법조인'이다. 형사, 의사, 변호사가 등장하면 직업 특성상 사건과 직결되고 자연스럽게 스토리가 만들어지기 때문이다. 다시 말해 인물, 사건, 배경이 따라붙는 스토리텔링 직업군인 것이다. 그래서 우리는 영화에서도 이 세 직업을 가진 캐릭터를 자주 보게 된다. 특히 형사는 의사, 변호사에 비해 상대적으로 소시민적이라 관객에게 더욱 친근하게 느껴지는 장점이 있다.

또한 영화의 장르 중에서 대중적으로 가장 인기 있는 유형은 뭐니 뭐니 해도 '범죄영화'다. 우리 인간의 생명과 안위를 원초적이면서 극적으로 압박하는 이야기가 담겨 있기 때문일 것이다. 게다가 범죄가 지닌 위법성은 스토리 친화적이다. 그런 범죄영화 가운데 유독 자주 만들어지는 장르가 '경찰영화'이고 그중에서도 최고 인기 유형은 '형사영화'다. 스토리를 부르는 직업인 형사가 주인공으로 등장하는 영화 말이다. 형사영화는 권선징악과 정의 구현이라는 보편적인 주제를 주로 다루기 때문에 대중영화에 적합한 장르이기도 하다. 아울러 형사영화는 액션과 스릴러 장르와 잘 어울려 범죄 액션, 범죄 스릴러 등으로 변주가 가능하다는 매력까지 지니고 있다.

실제로 우리는 관객으로서 인상적인 형사영화들을 다수 기억하고 있다. 마약반 형사들이 치킨집을 운영하며 범인을 감시하고 범죄를 추적하는 이병헌 감독의 〈극한직업〉과 능구렁이 형사가 재벌 3세의 범죄 행각을 응징하는 〈베테랑〉을 비롯해, 김성훈 감독의 〈공조〉, 강윤성 감독의 〈범죄도시〉, 조의석, 김병서 감독의 〈감시자들〉, 봉준호 감독의 〈살인의 추억〉, 나홍진 감독의 〈추격자〉, 이해영 감독의 〈독전〉, 박훈정 감독의 〈신세계〉, 김성훈 감독의 〈끝까지 간다〉, 강우석 감독의 〈공공의 적〉 등은 관객들의 호응에 힘입은

21세기 한국의 대표적인 형사영화들로 꼽힌다.

영화와 더불어 주인공 형사들의 면모도 다양하다. 〈극한직업〉의 마약반 형사 고반장, 〈베테랑〉의 노련한 형사 서도철, 〈공조〉의 생계형 형사 강진태(유해진), 〈범죄도시〉의 빅펀치 형사 마석도, 〈감시자들〉의 감시반 형사 황반장(설경구), 〈살인의 추억〉의 1980년대 형사 박두만(송강호), 〈추격자〉의 전직 형사 엄중호(김윤석), 〈독전〉의 지독한 형사 조원호(조진웅), 〈신세계〉의 언더커버 형사 이자성(이정재), 〈끝까지 간다〉의 비리 형사 고건수(이선균), 〈공공의 적〉의 꼴통 형사 강철중(설경구) 등은 당대 최고 배우들의 연기와 더불어 매력적인 형사 캐릭터들로 다채롭게 대중들의 추억 속에 남아 있다. 이렇듯 많은 영화와 캐릭터를 낳을 정도로 형사는 이야기 속에서 매력적인 직업이다.

형사영화들 중에는 후속편 제작으로 이어져 시리즈영화가 되는 경우가 있는데, 〈베테랑〉과 〈범죄도시〉 외에도 〈공조〉와 〈독전〉이 시리즈화를 시도했다. 한편 너무 아까운 미완의 시리즈 기획도 있다. 강우석 감독의 〈공공의 적〉 시리즈다. 2002년에 등장한 〈공공의 적〉은 이전까지와는 전혀 다른 새로운 형사 캐릭터, 꼴통 강철중을 세상에 선보이며 강우석 감독의 영화 중에 최고의 작품이란 평가를 받았다. 특히 독특한 시리즈 전략이 매력적이다. 이미 1990년대 안

성기, 박중훈 주연의 형사영화 〈투캅스〉 시리즈로 한국영화 흥행 시장을 주름잡았던 강우석 감독이 진일보한 시리즈 전략을 꺼내들었기 때문이다.

형사영화를 시리즈화한다고 하면 보통 주인공인 형사를 그대로 두고 범죄를 일으키는 빌런이 달라지도록 변주하기 마련인데, 속편 〈공공의 적 2〉는 이전까지의 시리즈 전개 공식을 깨고 1편의 꼴통 형사 강철중을 검사로 변신시켰다. 같은 이름(강철중)의 같은 캐릭터(꼴통)를 같은 배우(설경구)가 연기하는데 직업만 형사에서 검사로 바꾼 것이다. 다소 의아했었지만 그럼에도 불구하고 〈공공의 적 2〉는 당시 391만 명의 관객을 동원하며 흥행에 성공했다.

이어 시리즈의 세 번째 영화로 개봉한 〈강철중: 공공의 적 1-1〉에서는 다시 형사 강철중이 주인공으로 돌아오는데, 이 영화 제목 끝에 '1-1'이라고 숫자를 붙인 것은 대단히 영리한 작전으로 보인다. 시리즈의 한 축은 여타 시리즈와 유사하게 형사 강철중을 그대로 두고 새로운 공공의 적을 등장시켜 이어나가고, 다른 시리즈의 한 축은 주인공의 직업에 변주를 주어 새로운 이야기로 확장되게끔 두 갈래의 확장 방향을 잡은 것이다.

하지만 이런 매력적인 확장 전략에도 불구하고 〈공공의 적〉 시리즈는 아쉽게도 앞서 소개한 세 편 이후 후속편이 아직까지도 만들어지지 않고 있다. 형사와 검사를 넘나들며 시민들의 공공의 적을 물리치고 사회 정의를 실현하는 통쾌한 세계관을 이대로 묻어두기에는 정말 아깝다는 생각이 든다. 이렇게 〈공공의 적〉 시리즈가 추억 속에 아련하게 묻힐 무렵 2015년, 류승완 감독의 형사영화 〈베테랑〉이 세상에 등장했다.

패륜아 조태오를 추적하는 베테랑 형사 서도철의 활약상을 담은 〈베테랑〉의 기획 콘셉트는 존속살인의 패륜아 조규환(이성재)을 응징하는 꼴통 형사의 활약상을 보여준 〈공공의 적〉과 많이 닮았다. 당시 천만영화 〈베테랑〉의 속편을 기대하는 것은 자연스러운 일이었고 2편 제작이 예고되는 순간, 〈공공의 적〉 시리즈와 유사한 전개가 될 것이라는 건 당연해 보였다.

그런데 〈베테랑〉의 속편이 나오기도 전인 2017년, 또 다른 형사영화 〈범죄도시〉가 흥행 시장을 강타했다. 주인공 형사 마석도와 빌런 장첸의 대결은 범죄 액션영화의 전형을 보여주며 후속편영화 제작의 기틀을 마련했다. 〈범죄도시〉의 제작진은 영화 속 주인공처럼 강력한 추진력으로 벌써 시리즈 4편까지 개봉시키는 기염을 토하면서, 후속편을 빠르게 이어가지 못한 〈공공의 적〉 시리즈와 〈베테랑〉 시리즈를 무색하게 만들었다.

〈범죄도시〉는 후속편이 전부 천만영화에 등극하면서 형사영화의 새 역사를 써나가고 있다. 하지만 이러한 성과가 하늘에서 툭 떨어진 것은 아닐 것이다. 함께 살펴본 것처럼 한국 영화시장에서 형사영화가 꾸준히 사랑받아오고 있었고, 모범이 될 만한 영화들도 많이 있었다. 앞서 간 사람들의 발자취를 통해 가야 할 길을 가늠할 수 있는 것처럼 콘텐츠를 창작하는 일도 마찬가지다. 계보를 살피면서 무엇을 취하고 무엇을 버려야 하는지 고심하는 작업이 필요하다.

시리즈의 핵심, 주인공 캐릭터

홍행에 크게 성공했다는 이유만으로 모두 후속편이 만들어지는 것은 아니다. 특히 형사영화가 시리즈로 이어지기 위해서는 매력적인 형사의 캐릭터가 반드시 전제되어야 한다. 아무리 형사가 이야기를 부르는 직업이라 할지라도 캐릭터가 가지는 고유의 매력이 없다면 관객의 홍미를 끌어내기가 어렵기 때문이다. 영화 속에서 주인공 형사의 캐릭터는 기본적으로 두 가지 방향성에 기초해서 구축된다. 하나는 수사와 추리 역량이 뛰어난 형사이고 다른 하나는 액션에 강점을 가진 형사다. 물론 형사라면 두 가지 능력이 적절하게 섞여야 하겠지만 어디에 더 방점을 찍느냐는 것은 플롯의 전개 방향과 직결되는 중요한 문제다.

형사 캐릭터 하면 즉각적으로 어린 시절에 즐겨 봤던 드라마 〈형사 콜롬보〉의 콜롬보(피터 포크)와 〈수사반장〉의 박영한(최불암)이 떠오른다. 〈형사 콜롬보〉는 미국의 NBC와 ABC에서 1968년부터 2003년까지 방영했던 범죄 수사 추리극이다. 총 69편이 제작, 방영되었는데 편당 러닝타임이 70분에서 100분 사이이고 모든 편에서 주인공은 형사 콜롬보이지만 매 편마다 범죄의 내용과 범인이 바뀐다. 드라마 〈형사 콜롬보〉는 한국에서도 1974년부터 1995년까지 KBS와 SBS에서 오랜 시간 방송되었다. 한국 드라마 〈수사반장〉은 1971년부터 1989년까지 MBC에서 총 880편이 방영된 장수 시리즈다. 〈형사 콜롬보〉와 마찬가지로, 주인공인 서울시경 특별수사본부의 박영한 반장과 동료 형사들이 매주 다른 범인을 맞닥뜨리고 다른 유형의 사건을 해결하는 구성이다.

〈형사 콜롬보〉와 〈수사반장〉 시리즈는 수십 년간 인기리에 방영되면서 대중들에게 형사라는 직업에 대한 친근함과 모범적인 형사의 이미지를 심어주는 데에 크게 기여했다. 수사의 정석은 증거와 추리에 있다는 걸 보여주며 언제나 정의의 편에 서서 헌신하는 형사의 모습 말이다. 이후의 형사 드라마와 영화는 이 두 시리즈의 영향을 받아 진화하고 발전하면서 다양한 변주가 일어났다고 해도 과언이 아니다.

한편 비슷한 시기에 콜롬보, 박영한과 대조되는 형사 캐릭터가 등장한다. 바로 할리우드 영화 〈더티 해리〉의 형사 해리 캘러핸이다. 해리는 종종 적법한 절차와 조직의 위계를 무시하고 자신의 직감과 소신에 따라 행동하는 캐릭터다. 범죄자들에게 폭력을 먼저 휘두르기도 하는데, 한마디로 꼴통이다.

하지만 이런 꼴통 형사가 관객들에게 설득력이 있는 이유는 범죄자들이 점점 더 지능적으로 진화하고 악랄해져 먼저 행동하지 않으면 잡을 수 없는 범죄가 많아지는 사회상을 반영하고 있기 때문이다. 또한 경찰 조직 내부에도 비리가 있고 권력과 결탁하여 정의롭지 못한 경찰이 있는 세태 속에서 정상적인 절차로는 범인을 단죄하기 어려운 상황이 많아졌기 때문이기도 하다. 이렇듯 범죄자들을 향해 먼저 주먹을 날리거나 총을 쏘는 꼴통 형사의 행동과 선택이 관객들을 납득시키면서 카타르시스를 선사한다. 장르적으로도 수사 추리극에 액션 활극이 가미될 수 있어 매력이 더해진다.

형사 콜롬보와 형사 박영한은 모범적이고 이상적인 경찰의 모습에 가깝고 스스로 정의를 대변한다면 형사 해리 캘러핸은 반항적이고 현실적인 경찰의 모습으로 정의가 무엇인지 질문한다. 〈더티 해리〉의 마지막 장면에서 해리는 연쇄살인범과 마주치는데, 그를 체포하는 대신 직접 총을 쏴 처단하고 경찰 배지를 호수에 던져버린다. 합법적인 절차를 따라서는 체포하고 단죄하기 힘든 현실에 대한 저항으로 직접 처단하여 정의를 실현하는 꼴통 주인공의 대처 방식을 오히려 관객들은 통쾌하게 느낀다. 이를 바탕으로 〈더티 해리〉는 1980년대 후반까지 총 다섯 편의 형사영화 시리즈로 이어졌고, 한국영화에도 영향을 미쳤다. 강우석 감독의 〈공공의 적〉에서 한국형 꼴통 형사 강철중이 탄생하게 된 것이다.

또한 1988년, 〈더티 해리〉 시리즈의 5편이 끝나자마자 곧바로 바통을 이어받아 전 세계 흥행 시장을 강타한 형사영화 〈다이 하드〉에서 형사 존 맥클레인(브루스 윌리스)이 화려하게 등장한다. 크리스마스에 멀리 떨어져 지내던 가족을 만나기 위해 로스앤젤레스에 도착해 아내의 사무실이 있는 나카토미 빌딩에 들르는데, 테러리스트들이 건물 전체를 점령한 상황을 목도하고 악당들과 맞서 싸운다는 내용의 이 영화는 이후 2013년까지 다섯 편의 시리즈로 이어져 20세기 할리우드를 상징하는 대표 액션영화가 되었다. 이에 따라 존 맥클레인 형사는 배우 브루스 윌리스와 함께 할리우드의 대표 액션히어로가 되었다. 〈다이 하드〉는 일상의 범죄를 쫓는 형사영화라기보다 테러리스트들을 상대하며 스케일이 훨씬 커진 본격 액션영화가 되었고, 존 맥클레인은 현실판 슈퍼히어로 캐릭터로서 당시 관객들의 사랑을 독차지했다. 이 영화는 다섯 편에 걸쳐 세상을 어지럽히는 테러리스트들과 싸우면서 동시에 위기에 빠진 가족(아내, 딸, 아들)을 구하는 액션과 스릴러를 섞어 보여주었다.

이렇게 제시된 형사 캐릭터의 세 가지 유형, 즉 범죄 수사와 추리라는 전문성을 바탕으로 한 전통적인 형사, 세상에 저항하는 삐딱한 꼴통 형사, 액션히어로 성격의 형사는 이제 영화와 드라마에 등장하는 형사 캐릭터의 표준 모델이 되었다. 이를 토대로 어떻게 변주하고 응용하고 조합하느냐에 따라 새로운 형사 캐릭터가 만들어지면서 형사영화는 진화를 거듭한다.

그런 면에서 〈범죄도시〉의 주인공 마석도는 단연 새로운 형사 캐릭터다. 먼저 마석도는 배우 마동석의 이미지에 크게 의존하고 있다는 점에 주목할 필요가 있다. 〈공공의 적〉, 〈베테랑〉, 〈다이 하드〉에서 강철중, 서도철, 존 맥클레인 역할을 맡은 배우는 각각 설경구, 황정민, 브루스 윌리스인데, 각자 영화에서 모두 액션 연기를 펼치지만 배우의 외모와 체격 자체로만 보면 액션의 설득력이 다소 떨어지는 편이다. 소시민 형사가 그저 치열하게 죽기 살기로 싸우는 모습이다. 어찌 보면 그들의 액션은 다소 영화적 판타지에 가깝다.

그러나 배우 마동석이 표현하는 마석도의 액션은 그 자체로 리얼하게 보이며 현실적인 싸움처럼 그려진다. 배우 자체가 뿜어내는 아우라는 형사 마석도 캐릭터를 자연스럽게 액션히어로로 만들어준다. 단순히 체격적인 우위에 기대는 액션만은 아니다. 직접 전문 체육관을 운영할 만큼 액션 연기에 진심인 마동석은 복싱에 기초를 둔 마석도의 액션 장면에 사실성과 설득력을 부여한다. 정통 복싱 기술을 바탕으로 한 액션은 여타 격투기 기술을 활용한 액션보다 더 실제 싸움처럼 보이기 때문이다. 거기에 마지막 한 방인 빅펀치 마무리는 관객들에게 모든 시름과 걱정을 날려버릴 수 있는 통쾌함을 선사한다.

그런데 여기서 더 자세히 들여다봐야 할 대목은 형사 마석도의 캐릭터성이다. 우락부락하고 험상궂은 데다가 다소 무식해 보이는 외모인데 어느 정도는 명석함이 있어야 하는 경찰이라는 직업을 만나 독특한 형사 캐릭터가 만들어진다. 아이러니하게도 범죄자 인상의 형사가 탄생한 것이다. 그렇다고 강철중이나 더티 해리처럼 범죄자들보다 더 폭력적인 완전 꼴통 형사는 아니다. 마석도는 조직의 위계와 절차를 잘 따르면서도 적당히 요령을 피운다. 법과 도덕이 충돌할 때는 도덕을 우선시한다. 보통은 양심과 상식을 따르는 편이다. 걸핏하면 나쁜 놈은 그냥 잡아야 한다고 외치는 단호한 면이 있지만 인간적으로는 따뜻하고 정이 깊다. 어눌한 유머를 종종 날리며 덩치와 달리 귀엽기까지 한다.

이처럼 〈범죄도시〉 시리즈는 형사 마석도와 배우 마동석의 이미지를 완벽하게 합체하여 입체적인 캐릭터를 구현했다. 새롭고 매력적인 형사 캐릭터가 탄생한 것이다. 이게 바로 관객들이 마석도 형사를 사랑할 수밖에 없는 이유이고 후속편영화 제작의 험난한 길을 멀리까지 환하게 밝혀준 등불이 된다. 마치 '007' 시리즈가 매력적인 비밀첩보 요원 제임스 본드를 중심으로 최장수 프랜차이즈 영화가 된 것처럼 말이다.

시리즈영화 제작의 공식

근본적인 질문이 불쑥 떠올랐다. 속편 제작에는 어떤 매력이 있을까? 속편이 제작되는 가장 큰 이유는 마케팅을 포함해 비즈니스에 유리하다는 판단 때문이다. 보통 속편 제작은 어떤 영화가 관객을 만나 검증을 거친 매력 포인트가 있거나 일정 이상의 상업적인 성공으로 관객의 호응도가 확인되었을 경우에 고려된다. 상업적인 매력 포인트와 대중적인 인지도를 바탕으로 후속편을 만든다는 것은 흥행 리스크를 줄이고 성공 확률을 높이는 사업적인 결정이다.

부연하면 속편 제작에는 크게 두 가지 장점이 있다. 우선 제작 측면에서는 전편에서 이미 구축한 세계관과 캐릭터가 있기 때문에 초기 시나리오 기획 개발 기간을 단축시킬 수 있다. 따라서 완전히 새로운 영화를 기획하는 것보다 기획 개발 비용을 줄일 수 있는 장점이 있다. 또한 시장 측면에서는 이미 대중에게 알려진 전편의 연장선에서 프로모션할 수 있기 때문에 영화 마케팅의 첫 단계부터 대중적 인지도 확보에 유리해진다.

보통 영화의 극장 개봉 마케팅은 크게 세 단계로 진행되는데, 1단계의 목표는 해당 영화가 개봉한다는 사실을 최대한 널리 알리는 것이다. 즉 개봉영화에 대한 관객들의 인지도awareness를 올리는 일이다. 2단계의 목표는 그 영화가 개봉한다는 걸 알고 있는 관객들에게서 호감도를 올리는 것이다. 즉 비슷한 시기에 개봉하는 영화들 사이에서 관객들의 선호도preference를 높이는 일이다. 마지막 3단계의 목표는 이미 영화를 알고 있고 호감이 형성되었다면 직접 극장까지 나와서 관람하도록 호소하는 것이다. 즉 관람 의향도를 높이는 일이다. 이는 최대한 많은 관객이 그 영화를 보기 위해 직접 극장까지 나오도록 행동action을 유도하는 작업이다.

그런데 인지도가 확보되지 않은 상태에서 선호도나 관람 의향도를 높이는 건 힘든 일이다. 당연히 영화 마케팅에서는 인지도를 먼저 올리는 것이 급선무여야 한다. 속편의 경우에는 같은 시기에 개봉하는 여타 영화들 중 전편의 후광 효과로 인해 인지도가 앞선 상태에서 마케팅을 시작할 수 있어 절대적으로 유리한 고지를 선점하는 개봉 효과가 주어진다.

그렇다면 이제 또 다른 근원적인 질문을 떠올려 보자. 과연 관객들은 속편에서 무엇을 기대할까? 우선 관객들은 전편을 통해 익숙해진 세계관과 캐릭터를 다시 보고 싶어 속편을 보러 간다. 이는 전편만큼 또는 그 이상 재미있을 거라는 기대에서 비롯한 행동이다. 결국 관객의 입장에서 속편을 보러가는 행위는 친숙한 요소, 보장된 재미, 안전한 선택이라는 삼박자를 감안한 결단이다.

하지만 관객은 속편에서 전편과는 다른 새로움 또한 기대한다. 관객들은 친숙함과 참신함, 다시 말해 익숙한 재미와 새로운 자극을 동시에 원한다는 뜻이다. 속편을 제작하는 원칙은 당연히 이를 충족시키는 것이어야 한다. 속편 제작은 전편을 사랑해 준 관객을 배려하는 데에서 출발해야 하기 때문이다. 만약 이런 원칙을 지키지 않은 속편이라면 관객의 기대에 반해 배신감이 커져 오히려 흥행에 악영향을 끼칠 수 있다.

결론적으로 속편 제작은 전편을 기준으로 지킬 것과 바꿀 것을 명확히 구분하고 서로 조화롭게 섞어내는 스토리텔링이 관건이다. 〈범죄도시〉 시리즈는 그런 원칙을 충실하게 지키면서 진정한 의미의 속편을 세 편이나 성공적으로 보여준 모범적인 사례다.

그렇다면 〈범죄도시〉 시리즈는 후속편에서 무엇을 지키고 무엇을 바꿔나갔는지 자세히 살펴보자. 속편을 제작할 때 전편에서 지켜야 할 것으로 가장 많이 선택되는 이야기 요소는 앞서 이미 강조한 대로 주인공의 캐릭터다. 전편을 통해 매력이 검증된 주인공의 캐릭터를 속편에서도 유지해야 관객들이 친근하게 다가가 쉽게 감정이입할 수 있기 때문이다. 주인공의 캐릭터를 중심으로 후속편을 이어가는 경우에는 무엇보다 그 역할을 계속 같은 배우가 맡을 필요가 있다. 이미 살펴본 〈형사 콜롬보〉 시리즈, 〈수사반장〉 시리즈, 〈더티 해리〉 시리즈, 〈다이 하드〉 시리즈와 한국영화 〈공공의 적〉 시리즈에서도 후속편 내내 모두 같은 배우가 주인공 역할을 맡았다. 전작에서 이미 관객과 친밀감이 형성된 캐릭터는 실제 배우의 이미지와 일체화되어 있기 때문이다.

그래서 배우의 사정으로 속편 제작이 무산되기도 한다.

주연급 배우를 바꾸어 속편 제작을 강행하는 경우도 있는데, 그러면 속편으로서의 매력이 반감될 수밖에 없다. 예를 들어, 백종열 감독의 〈독전2〉가 그런 경우다. 전편의 핵심 캐릭터인 서영락은 그대로 다시 등장하지만 배우가 류준열에서 오승훈으로 바뀌는 바람에 관객들의 아쉬움이 컸다.

반면 〈범죄도시〉에 처음 등장한 마석도는 배우 마동석의 이미지와 높은 싱크로율을 보이면서 2편과 3편을 거쳐 4편까지도 변함없이 사랑스런 원펀치 캐릭터가 탄탄하게 유지된다. 캐릭터와 배우의 시너지로 친밀감이 점점 깊어지고 팬덤은 더욱 공고해진다.

〈범죄도시〉 시리즈에서 네 편 내내 지켜낸 것은 마석도의 캐릭터와 더불어 플롯의 패턴도 있다. 영화가 시작하면 먼저 범죄가 발생하고 마석도와 그의 동료 형사들이 범죄를 끝까지 추적한다. 마침내 범인을 찾아내고 제압하여 체포하면 영화가 끝난다. 이런 일정한 플롯 패턴이 네 편 내내 동일하게 유지된다. 시리즈 내내 일정하게 유지되는 플롯의 진행 패턴을 통해 보여주는 권선징악 서사는 〈범죄도시〉 시리즈의 세계관이자 후속편에서 지켜야 할 규범canon이 된다. "나쁜 놈은 그냥 잡는 거야"라는 주인공의 외침은 영화의 세계관을 함축적으로 잘 보여준다.

이렇게 후속편이 계속되면서 지켜진 것이 있는 반면 바

뛰는 것도 명확하게 구분된다. 속편마다 달라지는 것은 바로 범죄의 내용과 그 범죄를 주도하는 빌런 캐릭터다. 1편에 등장한 하얼빈 출신의 조선족 장첸(윤계상)은 사채 빚을 추징하는 해결사로 살인까지 일삼는 잔인무도한 범죄 행각을 벌이며 긴 머리와 함께 매우 강렬한 인상을 남겼다. 2편에서 최악질 범죄자 강해상(손석구)은 베트남에서 한국인을 대상으로 납치와 살인을 연쇄적으로 저지르고 그들의 가족마저 협박하며 돈을 갈취한다. 섬뜩한 눈빛과 살상 무기 마체테(벌목도) 액션이 무시무시하다.

3편에서는 마약수사대 팀장이자 부패 경찰인 주성철(이준혁)이 마약 범죄 조직의 뒤를 봐주고 직접 마약 밀매에도 버젓이 가담한다. 자신의 이권을 위해서는 수단과 방법을 가리지 않는 야비한 모습으로 관객의 치를 떨게 한다. 4편에서 특수부대와 민간군사기업 용병 출신 백창기(김무열)는 필리핀 불법 온라인 도박장의 현장 관리자이자 해결사다. 자신의 이익을 극대화하는 과정에서 연쇄살인을 저지르고 보스인 IT 천재 장동철(이동휘)마저 재낀다. 무뚝뚝한 말투와 표정에서 잔혹한 카리스마가 작렬한다.

한편 마석도 외에 시리즈 내내 모두 등장하는 캐릭터가 한 명 더 있는데 바로 장이수(박지환)다. 장이수 캐릭터는 시리즈 전체에서 양념 역할을 톡톡히 하면서 재미를 배가하고 코미디를 증폭시킨다. 주인공과 빌런의 대결 사이의 팽팽한 긴장감을 완화해 주는 신통한 캐릭터인 장이수는 후속편을 거듭하면서 '범죄도시 세계관'을 탄탄하게 이어주는 중요한 캐릭터가 되어간다. 이렇게 긴장과 이완을 지속적으로 교차시키는 것은 어느덧 〈범죄도시〉 시리즈 스토리텔링의 핵심이 되었다.

매 편 마석도와 장이수 캐릭터를 중심으로 일정하게 진행되는 〈범죄도시〉 시리즈의 플롯 패턴은 익숙한 재미를 담보하는 보증수표가 되고 그 안에 매번 새로운 범죄와 빌런을 소개하면서 신선한 자극을 추가하는 매우 영리한 스토리텔링을 담아낸다. 지킬 것과 바꿀 것을 명확하게 구분하고 이를 조화롭게 풀어내는 시리즈 전체의 서사 전략은 이제 관객과의 약속이 되었고 그 약속을 철저하게 지켜낸 것이 〈범죄도시〉 시리즈 성공의 비결이다. 오직 관객을 위한 영화를 만들고자 한 열정적인 제작진이 복잡한 생각을 버리고 단순하게 시리즈영화 제작의 기본 원칙에 충실한 것이다.

지속 가능한 시리즈의 생명력

〈범죄도시〉 시리즈가 후속편영화 제작의 기본 원칙에 충실했다는 건 관객의 기대에 부응했다는 뜻이고, 관객의 기대에 부응했다는 건 흥행 성공의 필요조건을 충족했다는 뜻이다. 그런데 〈범죄도시〉의 후속편 세 편이 모두 천만영화에 등극했다는 건 흥행 대박의 충분조건까지 갖추었다는 걸 의미한다. 과연 흥행 대박의 충분조건은 무엇일까? 그건 바로 주인공 마석도의 캐릭터에 걸맞은 플롯 설계에서 찾을 수 있다.

시리즈영화를 가능하게 만들어준 마석도 캐릭터의 근간은 배우 마동석의 체격을 바탕으로 한 빅펀치 액션 능력이다. 마석도는 펀치가 제대로 꽂히면 그 누구라도 한 방에 보낼 수 있는 원펀치의 소유자다. 관객들은 〈범죄도시〉 시리즈에서 마석도가 원펀치만으로 빌런을 통쾌하게 날려버리는 장면을 보기 위해 극장을 찾는 것이라 해도 과언이 아니다.

하지만 플롯 측면에서 보면 원펀치로 빌런을 때려눕히는 장면은 클라이맥스에 배치될 수밖에 없다는 제약이 있다. 빌런을 제압하고 나면 영화가 끝나야 하기 때문이다. 그렇다면 클라이맥스 장면 이전의 모든 전개는 원펀치 해결을 위한 빌드 업의 과정이라 볼 수 있다. 그래서 〈범죄도시〉 시리즈는 네 편 모두에서 각각의 클라이맥스 장면에 도달하기 전까지 마석도는 빌런을 일대일로 만나지 않도록 한다.

마지막에 이르러서야 폐쇄된 공간에서 빌런을 가두고 피할 수 없는 일대일 정면 대결을 성사시킨다.

〈범죄도시〉 시리즈의 시그니처가 된 클라이맥스 장면들을 살펴보자. 마석도는 1편에서 출국 대기 중인 장첸을 공항 화장실에 가둔 상태로 일대일 대결을 펼친다. 2편에서는 도주하는 강해상이 타고 있는 버스에 올라타 승객을 모두 내리게 하고 일대일 대결을, 3편에서는 홀로 도주를 준비하는 주성철의 경찰서 사무실로 따라 들어가 일대일 대결을, 4편에서는 출국하는 백창기와 여객기 일등석 객실에서 최종 정면 승부를 벌인다. 이제는 〈범죄도시〉 시리즈의 공식이 된 일대일 대결 장면이 앞으로 후속편에서도 이어질지 귀추가 주목된다.

재밌게도 〈범죄도시〉 시리즈 플롯에는 클라이맥스까지 가는 과정에서 주인공과 빌런이 딱 한 번 마주친다. 마석도는 1편에서 영화 시작 45분쯤(전체 121분) 가리봉동의 연길식당에서 동료 형사들과 식사 중에 식당으로 들어오는 장첸 일당과 처음 대치 국면을 맞지만 장첸이 도주하면서 검거에 실패한다. 2편에서는 영화 시작 42분쯤(전체 106분) 전일만(최귀화) 반장과 함께 강해상의 거처로 찾아가 그를 처음 맞닥뜨리는데 마석도가 강해상의 오른팔 두익(이규원)을 제압하고 전일만이 부상당한 사이에 강해상을 놓친다.

3편에서는 영화 시작 34분쯤(전체 105분) 형사 김만재(김민재)와 같이 경기 구룡경찰서 마약수사대를 방문하여 주성철을 만나 협조를 요청하지만 서로 탐색만 하고 헤어진다. 4편에서는 영화 시작 56분쯤(전체 109분) 장동철의 QM홀딩스 상장 기념식장으로 올라가는 엘리베이터 안에서 백창기 일당과 마주치지만 체포에는 실패한다. 이렇게 마석도는 빌런과 클라이맥스 이전에 딱 한 번 마주치지만 승부를 가리지 못하고 스쳐 지나가게 만들어 극적 긴장감을 끌어올리고 클라이맥스의 대결과 최종 승부에 대한 관객들의 기대감을 배가한다.

앞서 언급한 일정한 플롯 패턴, 즉 범죄가 발생하고 그 범죄를 주인공이 추적하고 엔딩에서 범인을 단죄한다는 구성은 여타 영화에서도 적용되는 일반적인 범죄영화의 장르적 관습이다. 그러나 장르적 관습에 더해, 빅펀치 주인공이 범죄를 추적하다가 중간에 한 번 주범과 마주치지만 놓치게 되고 종국에 가서 그와 일대일 대결을 벌여 원펀치로 때려눕힌다는 구성은 〈범죄도시〉 시리즈의 매력을 유지하는 정체성과 같은 것이다. 이처럼 〈범죄도시〉 시리즈는 주인공 마석도의 캐릭터에 딱 어울리는 플롯 패턴을 만들어냈고, 캐릭터와 플롯의 완벽한 조화를 이끌어낸 것이 관객을 매료시킨 결정적 요인이다. 이렇게 만들어진 주인공 캐릭터와 플롯 패턴의 시너지는 〈범죄도시〉 시리즈에 생명력을 불어넣는다.

그러나 동일한 패턴의 반복은 관객에게 친숙한 재미를 기대할 수 있게 해주지만 항상 같은 결론에 이르는 뻔한 이야기의 흐름이 되어 점차 식상해질 우려가 있다. 〈범죄도시〉 시리즈의 제작진은 이런 반복되는 패턴의 매력에 안주하지 않고 결말에 이르기까지의 중간 과정을 다양하게 변주함으로써 속편마다 신선함을 유지한다. 변주의 방향은 크게 두 갈래로 진행된다.

먼저 마석도의 신분 변화와 주변 형사들의 교체로 주인공 진영의 분위기를 바꾼다. 마석도는 1편과 2편에서 서울 금천경찰서 강력1반 부반장(경위)으로 등장하고 반장 전일만과 동료 형사들이 함께 활약하는 설정이다. 그러나 3편과 4편에서는 서울경찰청 광역수사대 1계 1팀의 부팀장(경감)으로 승진하고 팀장 장태수(이범수)와 새로운 동료 형사들이 등장한다.

게다가 2편에서는 국내에서만 사건이 펼쳐지는 1편과 달리 마석도와 전일만이 베트남으로 해외 출장을 가는 상황을 만들어 배경에 변화를 주었다. 더불어 4편에서는 국내 중심의 3편과 달리 해외 온라인 불법 도박 사이트의 단속을 위해 사이버 수사 전문 경찰이 추가 배치되고 동료 형사들을 장이수와 함께 대거 필리핀으로 해외 파견을 보내 스케일을 키운다.

또한 각 편마다 주요 빌런이 장첸, 강해상, 주성철, 백창기로 바뀜과 동시에 주인공 진영이 상대하는 빌런 진영에도 다양한 범죄자들을 배치하고 그들 사이에 서로 이권을 독차지하기 위한 자중지란이 일어나도록 한다. 1편을 보면 흑룡파 두목 장첸 일당 주위에 춘식이파, 독사파, 이수파 등 여러 범죄 집단이 배치되어 서로 물고 물리는 패권 싸움이 벌어진다. 2편에서 강해상 일당은 범행의 조력자로 베트남에서는 가리봉동 금은방 강도 3인방과 함께하고 한국에서는 살인 청부업자 장씨 형제를 고용하는데, 회장 최춘백(남문철)은 아들을 살해하고 큰돈을 요구하며 협박하는 강해상을 제거하기 위해 베트남에는 킬러 은갈치(백승익) 일당을 파견하고 국내에서는 삼합회 조직원 일당을 고용함으로써 서로 물고 물리는 아수라장이 펼쳐진다.

3편에서는 주성철 일당 주위에 일본 야쿠자의 마약 유통 한국 관리자 토모(안세훈) 일당, 토모가 빼돌린 마약을 회수하기 위해 일본에서 급파된 행동대장 리키(아오키 무네타카) 일행, 그리고 마약 구매자인 중국 흑사회 진회장(심영은) 무리가 등장하여 서로 쫓고 쫓기는 개싸움이 그려진다. 마지막 4편을 보면 백창기 일당 주변에 필리핀의 황제 카지노

운영자이자 QM홀딩스 대표인 장동철의 일행과 그가 해결사로 고용한 조폭 권사장(현봉식) 무리가 서로 잔머리를 굴리고 배신한다.

이런 빌런 진영의 상호 충돌과 자중지란은 마석도의 주인공 진영에 혼란을 주고 주요 빌런과 마석도가 일대일로 마주하기 전까지 중간 과정을 재미있게 채워준다. 그 결과 극적 긴장감은 시종일관 유지되고 다채로운 액션 장면이 가미되어 볼거리가 풍성해지면서 〈범죄도시〉 시리즈의 생명력에 불을 지핀다. 결국 마석도는 그런 복잡한 과정을 뚫고 관객들의 기대감을 잔뜩 모은 다음 힘겹게 도달한 클라이맥스 상황에서 원펀치 마무리를 보여줌으로써 관객들에게 시원한 카타르시스를 느끼게 해준다.

시리즈영화는 철저하게 관객을 위한 영화다. 후속편이 만들어질 때마다 관객과의 암묵적인 약속을 지켜야 한다. 그 약속은 전편만큼 또는 그 이상의 재미가 있어야 한다는 것이고 전편과 비교해 친숙함과 참신함의 절묘한 균형을 보여줘야 한다는 것이다. 〈범죄도시〉 시리즈는 네 편에 걸쳐 관객과의 약속을 지키기 위해 철저하게 연구한 흔적이 곳곳에 묻어나는 후속편 제작의 모범 사례다. 영화 완성 전에 여러 차례 블라인드 시사회를 거쳐 관객들의 반응을 점검한 것은 관객과의 거리를 좁히려는 당연한 처사다.[31]

그런데 익숙함과 새로움은 항상 고정된 것이 아니다. 시리즈를 거듭하면서 관객들이 느끼는 익숙함은 식상함으로 바뀔 수 있고 지나친 새로움은 관객들에게 낯설게 다가올 수 있다. 〈범죄도시〉 시리즈는 관객이 원하는 것을 주고 원하지 않는 것을 빼기 위해 후속편마다 전편의 설정에서 지킬 것과 바꿀 것을 명확하게 구분했고 지킬 것과 바꿀 것에서도 계속 변주를 주었다. 이것이 바로 〈범죄도시〉 시리즈가 4편까지 확장되고 네 편 모두 합쳐 4천만 명이 넘는 관객을 동원한 초대박 시리즈가 된 진짜 비결이다. 이제 〈범죄도시〉 시리즈는 네 편을 통해 이미 충실한 세계관과 다양한 캐릭터를 선보이며 향후 여러 방향으로 확장 가능한 진정한 프랜차이즈 영화가 되었다.

제작진이 밝힌 바에 따르면, 일단 시리즈는 8편까지 계속될 예정인데 1~4편을 1막으로 일단락 짓고 앞으로 펼쳐질 5~8편을 2막으로 명명하며 근본적인 변화가 있을 것을 예고한 상태다. 〈범죄도시〉 시리즈의 기획을 진두지휘하는 배우 마동석은 "1막이 오락 액션 활극이었다면 2막은 더욱 짙어진 액션 스릴러 장르로, 완전히 새롭게 찾아뵐 예정"[32]이라고 직접 언급했다. 2막에서 범죄 스릴러로 방향 전환할 것이라는 선언은 〈범죄도시〉 시리즈 제작진의 자신감과 현명함을 동시에 느끼게 해준다.

위험에 빠진 마석도의 모습이 벌써 그려진다. 무적의 주인공이 오히려 범죄자들에게 협박을 당하는 장면이 떠오른다. 혹시 마석도에게 매우 소중한 사람이 등장해 흉악범들의 인질이 되는 건 아닐까 하는 긴박한 상황을 상상해 본다. 그런 게 스릴러 장르의 동작 원리니까. 영리한 그들이 또다시 무엇을 지키고 무엇을 변주할지 기대된다.

작가가 장르에 대한 관객들의 기대를 만족시키지 못할 경우에는 그들의 혼란과 불만족에 직면하게 될 것이다. 그러나 다른 한편으로, 관객들이 품고 있는 참신하고 예기치 못한 순간에 대한 또 다른 기대를 충족시키지 못할 경우 관객들은 금방 지루해할 것이다. 관객의 이율배반성을 동시에 충족시키기 위해서는 작가가 장르에 대해 관객들보다 훨씬 더 깊이 알고 있어야 한다.

                                           – 로버트 맥키

인간은 이야기를,
이야기는 인간을 만든다

　이야기는 사람에 관한 것이다. 스토리는 인간의 삶을 그린다. 시간을 따라 흘러가는 인생의 여정을 다루고 그 행적을 남긴다. 또한 스토리는 삶의 은유다.[1] 그래서 인간을 이야기하는 동물storytelling animal이라고 말한다. 스토리가 곧 인간이고 인간이 곧 스토리다.

　스토리와 인간이 떼려야 뗄 수 없는 관계인 만큼 그것을 이루는 구성 또한 흡사하다. 스토리에도 우리 사람과 마찬가지로 육체와 정신이 있다. 스토리의 몸통인 외면 이야기와 마음인 내면 이야기가 그것이다. 외면 이야기는 주인공의 외면적 갈등을 중심으로 외면세계를 보여주고 내면 이야기는 주인공의 내면적 갈등을 중심으로 내면세계를 그린다.

　아울러 스토리에는 인간처럼 생명의 근원인 DNA가 있으며 생존을 위해 반드시 필요한 세 가지 영양소, 그리고 생명을 지속하게 만드는 힘과 존재의 목적이 있다. 이제 이야기를 살아 숨 쉬게 만드는 그런 필수 원칙들을 총정리해 보자.

스토리의 DNA

나는 영화 시나리오를 읽고 조언을 해달라는 요청을 자주 받는 편이다. 그때마다 루틴처럼 항상 가장 먼저 하는 일이 있다. 바로 스토리 DNA를 점검하는 일이다. 시나리오를 읽으면서 스토리 DNA, 즉 스토리의 핵심 요소를 점검한다. 스토리 DNA가 명쾌하지 않으면 조언을 요청한 당사자에게 재차 반문하면서 의견을 개진한다. 그런데 놀랍게도 그동안 스토리 DNA가 명징하지 않았던 시나리오가 훨씬 많았다.

스토리에 DNA가 없거나 약하면 스토리로서 가치가 떨어질 뿐만 아니라 스토리텔링을 하기 힘들어진다. 그렇다면 이러한 스토리 DNA는 어떻게 찾을 수 있을까? 다음 네 가지 질문을 통해 확인할 수 있다.

- 누구에 관한 이야기인가?
- 그(녀)가 궁극적으로 이루고자 하는 바는 무엇인가?
- 그것을 성취하려 애쓰는 과정의 장애물은 무엇인가?
- 그것이 그(녀)에게 정말 절실한 일인가?

첫 번째는 주인공, 즉 주동인물이 누구인지를 묻는 질문이다. 어찌 보면, 스토리에서 주인공을 가장 먼저 확인하는 건 당연하다. 주인공이 없으면 스토리도 없기 때문이다. 관객에게도 주인공의 역할은 절대적이다. 그래서 주인공의 중요성은 아무리 강조해도 지나치지 않는다. 그런데 놀랍게도 많은 영화가 주인공 전략에서 실패한다. 너무나도 당연한 것이기에 오히려 중요성이 간과되는 것 같다. 작가는 그저 주인공을 지목하고 등장시키는 것에 그쳐서는 안 된다. 이야기 속에서 주인공으로서 가지는 자격이나 역할, 책무 등을 철저하게 점검해야 한다. 관객이 생각하는 주인공이 이야기의 주동인물과 일치할 때 만족도가 가장 크기 때문이다.

두 번째는 스토리를 어느 방향으로 끌고 갈 것인가를 묻는 질문이다. 목적지가 있어야 방향성이 생기고 그 방향으로 이야기를 진행할 수 있다. 이런 스토리의 목적지를 초목표story goal라고 부른다. 초목표는 궁극의 목표라는 뜻인데, 스토리 내내 이어지는 주인공의 한결같은 욕망이 향하는 끝 지점이고 관객의 종착점이기도 하다. 초목표가 없으면 스토리가 아니다. 그저 상황을 설명하거나 사건의 나열이거나 인물의 스케치이거나 정서적인 분위기를 잡는 것에 그칠 수 있다. 만약 그렇게 된다면 그것 역시 스토리텔링한 것이 아니다.

주인공의 욕망을 따라 초목표까지 이어지는 길이 바로 플롯 관통선이다. 플롯 관통선은 자동적으로 관객의 여정이 된다. 관객은 가이드인 주인공에 의지하여 플롯 관통선을 따라 안전하고 만족스럽게 여행길이 마무리되길 바란다.

세 번째는 주인공이 목적지까지 도달하는 과정에서 장애물이나 방해꾼이 있는지, 있다면 그건 무엇인지 또는 누구인지를 묻는 질문이다. 주인공이 초목표에 다가가는 과정에서 아무런 장애물이 없거나 누구도 방해하지 않는다면 주인공의 여정은 순탄할 것이고 주인공은 아무 문제없이 목적지에 도착할 것이다. 이런 가이드를 믿고 여행에 동참한 관객들은 재미를 느끼지 못하고 목적지에 도착해도 의미를 찾기가 어려워진다. 한마디로 주인공을 힘들고 어렵게 만들어야 한다는 뜻이다. 어려움이 클수록 관객은 더 몰입하고 스토리의 의미는 더욱 커진다. 그래서 작가에게는 이야기 속 주인공의 여정에 반동세력antagonistic force을 배치하거나 반동인물과 충돌하게 하는 것이 필수적인 작업이다. 그렇게 해야 주인공은 시련을 마주하고 갈등과 맞닥뜨리면서 우여곡절을 겪는다. 이때 관객은 마치 롤러코스터를 타는 것처럼 오르락내리락하며 짜릿함을 느낀다. 재미있어한다.

네 번째는 주인공이 초목표를 달성해야 하는 이유 또는 명분을 묻는 질문이다. 주인공에게 목적지가 설정되어 있고 주인공이 목적지를 향해 가는 과정에 강력한 반동세력 또는 반동인물이 기다리고 있는데 굳이 고난을 감수하면서까지 목적지에 도달해야 하는 이유 말이다. 다시 말해 주인공이 이야기 여정을 떠나는 동기motivation를 의미한다.

관객의 입장에서는 동기가 약한 주인공의 행동에 감정이입하기 어렵고, 동기가 없는 주인공의 여정을 따라갈 이유 또한 약해진다. 그럴 경우 스토리의 의미도 축소된다. 한마디로 이야기가 재미없어진다. 마치 스포츠 경기에서 결승전이라든지 월드컵 같은 세계 대회라든지 승부에 중요한 타이틀이 걸려 있어야 선수들의 동기부여가 커지고 관중은 더 재미있어하는 것처럼 말이다. 결국 주인공의 절박한 동기는 관객들에게 그(녀)의 이야기를 지켜봐야 할 명분을 제공하고 스토리의 재미와 의미를 한껏 끌어올린다. 〈명량〉은 나라의 명운과 백성들의 생존이, 〈국제시장〉은 아버지와의 약속과 가족의 생계가, 〈광해, 왕이 된 남자〉는 왕권의 위기와 하선 자신의 목숨이 각각 걸려 있는 이야기의 여정인 것처럼 말이다. 스토리의 진짜 재미는 관객의 흥미를 자극하고 의미가 더해질 때 만들어진다.

맥키는 "동기와 욕망은 전혀 다른 두 가지 에너지를 형성한다. 동기는 캐릭터의 과거에 발을 딛고 뒤에서 등을 미는 반면 욕망은 미래의 닻을 내리고 앞으로 다가올 일을 향해 캐릭터를 끌어당긴다"2라고 말한다. 작가는 욕망의 끝인 초목표 못지않게 주인공의 동기 역시 중요하다는 걸 반드시 명심해야 한다. 그게 스토리의 시작과 끝이기 때문이다.

이처럼 스토리 DNA의 네 가지 요소, 즉 주동인물, 초목표, 반동인물(세력), 동기는 스토리의 잠재력과 흥행성을 평가하는 체크리스트로 활용할 수 있다. 나는 시나리오를 점검할 때뿐만 아니라 완성된 영화를 볼 때도 똑같이 스토리 DNA를 점검하는 루틴을 수행한다. 시나리오 수업을 할 때도 마찬가지다. 강의에서는 대부분 시나리오 완성 이전의 중간 결과물인 로그라인, 시놉시스, 트리트먼트 등을 놓고 수업하는데 스토리 개발의 어떤 단계든 상관없이 스토리 DNA를 최우선으로 점검한다. 특히 기획 개발의 초기인 로그라인 작성 단계에서부터 스토리 DNA를 집중 고민하라고 역설한다.

스토리가 완성되어 가면서 DNA가 서서히 드러날 수도 있겠지만 그런 경우는 매우 드물다. 심지어 시나리오 완성 단계에서 스토리 DNA가 흐릿하다는 걸 알아채는 경우도 흔하다. 스토리의 근원적인 문제를 너무 늦게 발견하면 그걸 고치는 데에 투자해야 하는 시간과 비용이 커진다. 더군다나 시나리오 완성 단계에서는 문제를 알아도 수정 방안이 쉽게 나오지 않아 제작이 보류되는 경우도 많다.

기획 초기부터 스토리 DNA를 토대로 이야기를 발전시켜 나간다면 전체 이야기의 개발 과정이 효율적으로 진행될 뿐만 아니라 궁극적으로 관객에게 매력적인 대본이 될 가능성이 훨씬 높아지는 이점이 있다.

스토리 DNA를 점검하는 네 가지 질문은 굳이 전문 작가나 스토리텔러가 아니더라도 일반적으로 누구나 스토리를 이해하거나 평가하는 방법으로 활용될 수 있다. 결국 이 책은 관객과의 소통에 크게 성공한 천만영화의 스토리 DNA를 파헤친 것이라 해도 과언이 아니다. 스토리 DNA가 바로 스토리의 엔진이고 스토리텔링의 기초이기 때문이다. 이제 그 다음의 문제는 스토리 DNA를 어떻게 요리할 것인가이다.

스토리텔링의 3요소

스토리 DNA를 어떻게 엮어낼지 고민하는 일이 바로 스토리텔링이다. 스토리텔링은 캐릭터와 플롯이라는 두 얼굴을 전면에 내세우고, 그 이면에 주제가 배어 있는 모습으로 형상화하는 것이다. 이 책에서 이 세 가지 요소를 중심으로 영화를 살펴본 이유이기도 하다. 먼저 캐릭터 측면에서 가장 공을 들여야 하는 인물은 단연 주인공이다. 다양한 주인공 전략을 이해하고 스토리에 따라 영리하게 적용해야 한다. 그리고 주인공은 주변인물과의 조화가 반드시 필요하며 캐릭터의 입체성을 고려해야 한다. 주인공은 스토리의 심장이다. 주인공은 관객의 아바타이자 가이드다.

플롯의 측면에서는 외면 이야기와 내면 이야기의 안배를 통해 메인플롯을 정하고 주인공의 한결같은 욕망에 따른 메인플롯의 관통선을 찾아내어 그 관통선을 따라 전체 이야기의 흐름을 보편적인 4단계 플롯 패턴에 담아내야 한다.

마지막으로 이야기의 주제는 주인공이 만들어내는 변화로 표현되는데, 이는 주인공이 이야기 전체에 걸쳐 자신의 외면세계를 변화시키거나 자신의 내면세계에 변화가 일어나는 방식으로 전달된다. 다시 말해 주인공은 모든 시련과 갈등을 겪은 끝에 세상을 변화시키거나 아니면 자신이 직접 변화해 다른 사람이 되는 결말에 이를 때 비로소 주제가 완성되고 스토리의 의미는 부각된다. 결국 캐릭터, 플롯, 주제는 스토리텔링의 필수 요소다.

스토리텔링의 에너지

작가는 자신의 의견이나 주장으로 관객을 설득하려는 의도를 가지고 스토리텔링을 한다. 스토리텔링은 가급적 직접적인 방법보다 간접적인 방식이어야 한다. 삶의 은유인 이야기는 말하기보다는 보여주는 것이 훨씬 더 효과적이기 때문이다. 그래서 최선의 스토리텔링은 작가가 제시한 스토리에 관객 스스로가 참여하고 각자 자신의 이야기로 받아들이도록 만드는 것이다. 작가로부터 시작된 특수성이 관객에게 보편성으로 전달되어야 한다는 뜻이다. 결과적으로 작가의 의견이나 주장에 동의하는 것이 공감이고 공감을 넘어 관객 자신이 변화를 맞는 것이 감동이다.

이게 가능하려면 우선 관객이 스토리에 등장하는 인물이나 상황에 관심이 생기도록 만들어야 한다. 관심이 깊어지면 주목하게 되고 주목을 넘어 집중하게 되고 더 깊어지면 몰입하게 된다. 그리고 그 몰입의 시간이 길면 길수록 관객은 더 큰 재미를 느낀다. 이게 바로 재미의 실체다. 관객이 몰입하지 못한다면 공감과 감동은 요원하다. 그런데 스토리가 펼쳐지는 긴 시간 동안 관객의 관심, 주목, 집중, 몰입을 유도하고 유지하는 건 결코 쉬운 일이 아니다. 그래서 이야기에도 에너지가 필요하다. 그 에너지가 바로 갈등, 딜레마, 아이러니다.

갈등, 딜레마, 아이러니는 마치 한 부모 아래에서 나온 세 형제처럼 서로 연결되어 있다. 어떤 인물이 아이러니한 상황에 처하면 갈등이 생기고 갈등이 이어지다가 그 인물은 선택해야 하는 갈림길을 만나 딜레마를 맞닥뜨리고 둘 중 하나를 선택하면 또 다시 갈등이 이어지고 아이러니한 상황이 된다. 갈등을 설정하면 딜레마 순간이 오고 아이러니한 상황이 전개된다. 딜레마 순간에 주목하다 보면 갈등과 아이러니가 뒤따라온다. 아이러니한 상황은 결국 딜레마와 갈등을 유발한다. 이렇게 세 형제를 순환 고리처럼 계속 이어달리기하도록 만들 수 있다면 관객의 관심, 주목, 집중, 몰입을 지속할 수 있다. 이게 극적 긴장감의 실체이고 재미의 본질이다.

이와 같이 갈등, 딜레마, 아이러니를 잘 다루어 스토리텔링에 에너지를 불어넣어야 한다. 이게 관객의 몰입을 강화하고 유지해 주어 이야기를 재미있게 만들어주는 가장 효과적인 방법이다. 결국 작가는 갈등, 딜레마, 아이러니를 잘 요리해야만 관객의 마음을 사로잡을 수 있다. 이것이 바로 이 책에 스토리의 몰입 요소 세 형제를 초대한 이유다.

스토리텔링의 목적

우리는 왜 이야기를 만드는가? 작가는 왜 스토리텔링을 하려고 하는가? 마지막으로 다시 생각해 보자. 스토리텔링의 주목적은 매체에 따라 그 대상을 관객, 독자, 시청자, 청중 등으로 다양하게 부르고 있지만, 한마디로 상대방과 소통하는 것이다. 전문적인 작가들은 그 상대방이 한두 명이 아니라 폭넓게 확산되어 가능한 한 최대 다수이길 바란다. 다시 말해 대중과 소통하는 스토리텔링을 원한다.

소통이라는 것은 다소 추상적인데 이 책에서는 소통의 개념을 구체화하려 했다. 특히 가장 대중적인 매체인 영화에 주목해, 그중에서 가장 많은 사람과 폭넓게 소통하는 데에 성공한 천만영화를 통해 일련의 과정을 살펴보았다. 영화 속 이야기를 매개로 작가와 관객 사이에서 무슨 일이 벌어지는지, 벌어지도록 해야 하는지를 고찰한 것이다.

결국 이상적인 스토리텔링이란 관객으로 하여금 몰입을 유도하여 그 몰입 상태가 시종일관 유지되도록 하고 결말에 이르러서는 만족스러운 정서적인 경험으로 정리되도록 하는 것이다. 이를 위해 작가는 우선 관객이 주인공에게 감정이입할 수 있도록 해야 하고 감정이입이 된 상태, 즉 몰입 상태를 유지하기 위해서는 주인공이 펼치는 이야기를 진짜라고 믿도록 하는 진정성을 갖추어야 한다. 그리고 종국에는 완전한 정서적 해소, 즉 카타르시스에 이르도록 해야 한다.

감정이입, 진정성, 카타르시스는 몇 가지 단편적인 스토리텔링 비법들을 숙지하고 바로 적용한다고 해서 쉽게 얻어지는 것은 아니다. 마치 요리를 할 때 한두 가지 마법의 재료가 있다고 해서 반드시 원하는 맛을 낼 수 있는 것이 아닌 것처럼 말이다. 이야기를 만드는 일도 음식을 만드는 일과 비슷한데 먼저 좋은 재료를 준비하고 각 재료들의 특성을 이해하는 것이 중요하고 그 다음은 그런 재료들이 서로 어떻게 어우러지면서 어떤 맛을 내는지도 알아야 한다. 그리고 그런 재료들을 각각 얼마만큼 넣어야 하는지도 계산해야 한다. 결국 요리의 종류에 따라 관객의 취향에 따라 적합한 레시피를 잘 만들어야 한다. 같은 레시피를 따르더라도 요리사에 따라 다양한 맛이 나올 수도 있다. 감정이입, 진정성, 카타르시스는 요리로 치면 궁극적으로 만들어내야 하는 '맛'과 같은 것으로 스토리의 '멋', 즉 풍미 요소다.

스토리의 DNA, 스토리텔링의 3요소, 스토리텔링의 에너지는 스토리 재료들이 어떤 것이고 각 재료들의 특성과 효과가 무엇인지를 알아본 것이다. 이 책에서 주로 천만영화들을 살펴본 건 미슐랭 스타 요리의 레시피를 분석한 것과 유사하다. 성공한 레시피를 분석하는 것도 중요하지만 그보다 어떤 재료들을 어떤 비율로 섞어 어떤 효과를 냈는지에 더 주목했길 바란다. 레시피도 중요하지만 요리사의 손길까지 느낄 수 있었다면 더할 나위 없이 좋겠다. 그것이 이 책의 각 시퀀스에서 반복적으로 스토리의 본질과 스토리텔링의 작동 원리를 강조했던 이유다. 결국 스토리의 풍미 요소인 감정이입, 진정성, 카타르시스는 스토리텔링의 지향점이다.

결국 스토리, 스토리텔링, 스토리 디자인

스토리는 나에게 종교와 같다. 스토리교의 교주는 로버트 맥키이고, 경전은 그의 저서 《STORY : 시나리오 어떻게 쓸 것인가》이다. 나는 매주 mckeestory.com에서 보내주는 뉴스레터를 확인하면서, 마치 정기적인 의식을 치르듯이 스토리를 공부한다. 스토리는 인간의 본질을 탐구하고 성찰하는 것이라 속절없이 빠져들었고 이제는 스토리교의 파수꾼을 자처하고 있다.

오늘날 우리는 이야기의 홍수 시대에 살고 있다. 사람과 사람 사이라는 뜻을 가진 인간人間의 소통 수단이 다름 아닌 이야기이기 때문이다. 인류의 역사는 소통의 방법, 즉 매체 환경의 진화 과정이었다 해도 과언이 아니다. 손짓과 몸짓, 소리와 언어, 문자와 인쇄, 연극, 소설, 영화, 방송, 인터넷에 이르기까지 생존을 위해 시작한 이야기는 이를 뛰어넘어 재미를 주기 위해, 의미를 나누기 위해 더 넓게 확산하고자 하는 인간의 욕망을 끊임없이 자극한다.

들려주고 싶은 이야기, 보여주고 싶은 이야기, 전달하고 싶은 이야기, 이해해 주었으면 하는 이야기 등 다양한 의도와 색깔의 이야기가 우리 주변에 매일 넘쳐난다. 그런데 이것은 이야기를 하는 사람communicator의 입장이다. 이렇게 세상에 난무하는 수많은 이야기 중 그 이야기를 듣고 보는 사람audience은 과연 어떤 이야기에 주목할까? 어떻게 이야기에 감感하고 동動하는 걸까?

화자話者와 청자聽者 사이에는 언제나 간극이 존재한다. 메시지가 화자의 의도대로 청자에게 전달될 수도 있고 그렇지 못할 수도 있다. 그 사이를 잘 메꿔주는 것이 바로 스토리텔링이다. 이런 사이를 연결하는 방법에 따라 소통이 잘 되기도 하고 때론 오해가 생기곤 한다. 결국 효과적인 방식을 통해야만 감동을 만들어낼 수 있다. '하늘 아래 더 이상 새로운 이야기는 없다'는 말이 있다. 인류의 오랜 역사 속에 온갖 이야기가 축적되어 있고, 전 세계 누구와도 어렵지 않게 소통할 수 있는 다양한 매체의 환경 속에서 이제는 '무슨 이야기인가' 하는 문제를 넘어 '어떻게 이야기할 것인가'가 훨씬 더 중요해졌다.

그래서 이 책은 누구나 잘 아는 천만영화의 이야기 사례로 쉽게 풀어 궁극적으로는 스토리텔링의 작동 원리에 초점을 맞추고자 했다. 천만영화에 대단한 비법이 있을 것이라 기대했겠지만 잘 만든 스토리는 기본 원칙에 충실하고 스토리텔링의 원리를 잘 활용했다는 걸 확인할 수 있었을 것이다. 물론 기본 원칙을 지키고 원리를 흉내 낸다고 해서 반드시 대박영화가 된다고 할 수는 없겠지만, 관객과의 소통에 실패한 대다수의 영화가 이런 기본조차 충실하지 않았다는 사실이 놀라울 따름이다. 스토리텔링은 소통과 설득의 의도를 가진 화자로부터 시작해 공감과 감동을 느끼는 청자에게서 완성되는 것이다. 바로 이게 출발점이어야 한다.

나는 오늘도 영화를 보고 드라마도 보고 느끼면서 연구한다. 매일 경전을 읽고 교주의 말씀을 되새기며 내공을 쌓고 통찰력을 키운다. 어느 종교든지 믿음이 깊어지는 과정이 있듯이 스토리교에서도 역시 수행의 과정이 필요하다. 나는 그저 오늘도 내일도 정진할 뿐이다. 이것이 스토리의 길이다. 성공을 추구하는 길이라기보다 성장에 방점이 찍힌 길이다.

바야흐로 스토리텔링의 시대다. 스토리텔링은 비단 소설, 연극, 영화, 드라마, 웹툰, 웹소설 등 서사 매체에서만이 아니라 기업과 브랜드 전략, 마케팅 활동, 광고와 홍보, 강의와 연설, 각종 교육과 학습 방법 등 다양한 분야에서 응용되고 있다. 스토리텔링이 현 시대에 가장 효과적인 설득 방법이기 때문이다.

부디 이 책이 일반 독자들에게는 스토리 세계의 입문서가 되고 스토리텔러나 작가 들에게는 스토리와 스토리텔링을 넘어 장르에 따라, 의도에 따라, 목적에 따라 여러 스토리 요소들을 자유자재로 요리해 멋진 이야기를 디자인하는 데에 꼭 필요한 참고서가 되길 바란다.

프롤로그

1. 김종원, "[프로야구 결산 ①] MZ·여성팬 '취향저격' KBO 사상 '천만관중' 시대 활짝", 〈스포츠월드〉, 2024.10.29.

2. AECOM Economics, Advisory; Robinett Economics, 《TEA/AECOM 2023 Theme Index and Museum Index: The Global Attractions Attendance Report》, TEA, 2024.

시퀀스❶ 주인공 전략

1. 로버트 맥키, 《STORY : 시나리오 어떻게 쓸 것인가》, 민음인, 2002.

2. KOFIC 영화정책연구팀, 《2022년 영화소비자 행태조사》, 영화진흥위원회, 2023.

3. 데이비드 보드웰, 크리스틴 톰슨, 《영화예술》, 지필미디어, 2011.

시퀀스❷ 내면 이야기

4. 유튜브 채널 〈FilmIsNow Epic Movie Zone〉, 'TITANIC: 25TH ANNIVERSARY | James Cameron Official Interview' 영상 참조.

https://www.youtube.com/watch?v=T_PZmeWCxRA

5. 로버트 맥키, 앞의 책.

6. 크리스토퍼 보글러,《신화, 영웅 그리고 시나리오 쓰기》, 비즈앤
   비즈, 2013.

7. 위의 책.

8. 로버트 맥키, 앞의 책.

9. 위의 책.

시퀀스❸ 서사적 진실

10. 위의 책.

11. 유튜브 채널 〈함봐봐〉, '독일 군복을 입은 조선인, 그의 인생을 바
    꾼 세번의 전쟁!!![결말포함]' 영상 참조. https://www.youtube.
    com/watch?v=9oj_ooxzDNo

12. 시드 필드,《시나리오 워크북》, 경당, 2001.

13. 로버트 맥키, 앞의 책.

14. 위의 책.

시퀀스❹ 플롯 관통선

15. 위의 책.

시퀀스❺ 캐릭터 아크

16. E.M. 포스터,《Aspects OF THE NOVEL》, 1927, 링크 참조.
    https://www.gutenberg.org/files/70492/70492-h/70492-h.htm

17. 크리스토퍼 보글러, 앞의 책.

18. 로버트 맥키, 앞의 책.

19. 브라이언 아놀드, 브렌던 에디,《비주얼 스토리텔링》, 커뮤케이션 북스, 2009.

20. 폴 조셉 줄리노,《시나리오 시퀀스로 풀어라》, 황매, 2009.

시퀀스❻ 정서적 해소

21. 오광수, "[문화발전소] '서울의 봄' 1300만 돌파⋯역대 최고 가성비 영화는?",〈뉴스핌〉, 2024.01.30.

22. 로버트 맥키, 앞의 책.

23. 브라이언 아놀드, 브렌던 에디, 앞의 책.

24. 로버트 맥키, 앞의 책.

25. 크리스토퍼 보글러, 앞의 책.

시퀀스❼ 인생의 은유

26. 로버트 맥키, 앞의 책.

27. 동고동락, "대한민국 군가 순위 1위, '전선을 간다'", 국방부블로그, 2016.12.3.

28. 박재환, "[인터뷰] 김성수 감독, '어이없는 그날의 밤 이야기'(영화 '서울의 봄')",〈KBS미디어〉, 2023.11.17.

29. 로버트 맥키, 앞의 책.

시퀀스❽ 시리즈 기획

30. 최이정, "제임스 카메론 '아바타 6·7편 계획, 그때쯤 89세⋯흥행 실패하면 중단",〈OSEN〉, 2022.12.01.

31. 조성진, "[조성진의 가창신공] 윤일상, '범죄도시4' 음악이 나오기까지",〈스포츠한국〉, 2024.06.26.

32. 오보람, "마동석 '범죄도시' 5~8편, 더 짙어진 액션스릴러 선보일 것", 〈연합뉴스〉, 2024.05.16.

에필로그

1. 로버트 맥키, 앞의 책.
2. 로버트 맥키, 《로버트 맥키의 캐릭터》, 민음인, 2023.

역대 천만영화 목록

순위	제목	개봉일	관객수(명)
1	명량	2014년 7월 30일	17,613,682
2	극한직업	2019년 1월 23일	16,264,944
3	신과함께-죄와 벌	2017년 12월 20일	14,410,754
4	국제시장	2014년 12월 17일	14,257,115
5	어벤져스: 엔드게임	2019년 4월 24일	13,934,592
6	겨울왕국 2	2019년 11월 21일	13,747,792
7	아바타	2009년 12월 17일	13,624,328
8	베테랑	2015년 8월 5일	13,414,009
9	서울의 봄	2023년 11월 22일	13,128,080
10	괴물	2006년 7월 27일	13,019,740
11	도둑들	2012년 7월 25일	12,983,330
12	7번방의 선물	2013년 1월 23일	12,811,206
13	암살	2015년 7월 22일	12,705,700
14	범죄도시2	2022년 5월 18일	12,693,175
15	알라딘	2019년 5월 23일	12,555,894
16	광해, 왕이 된 남자	2012년 9월 13일	12,319,542
17	왕의 남자	2005년 12월 29일	12,302,831

순위	제목	개봉일	관객수(명)
18	신과함께-인과 연	2018년 8월 1일	12,274,996
19	택시운전사	2017년 8월 2일	12,186,684
20	파묘	2024년 2월 22일	11,913,725
21	태극기 휘날리며	2004년 2월 5일	11,746,135
22	부산행	2016년 7월 20일	11,565,479
23	범죄도시4	2024년 4월 24일	11,501,621
24	해운대	2009년 7월 22일	11,453,338
25	변호인	2013년 12월 18일	11,374,610
26	어벤져스: 인피니티 워	2018년 4월 25일	11,211,880
27	실미도	2003년 12월 24일	11,081,000
28	아바타: 물의 길	2022년 12월 14일	10,805,065
29	범죄도시3	2023년 5월 31일	10,682,813
30	어벤져스: 에이지 오브 울트론	2015년 4월 23일	10,494,499
31	기생충	2019년 5월 30일	10,313,086
32	겨울왕국	2014년 1월 16일	10,296,101
33	인터스텔라	2014년 11월 6일	10,275,484

2025년 3월 7일 기준

매혹적인 이야기의 8가지 스토리텔링 비밀

천만 코드

초판 1쇄 발행 2025년 3월 26일

지은이 길종철

펴낸이 임경진, 권영선
편집 여인영, 김민진 마케팅 최지은, 배희주

펴낸곳 ㈜프런트페이지
출판등록 2022년 2월 3일 제2022-000020호
주소 경기도 파주시 회동길 37-20, 204호
전화 070-8666-7031(편집), 031-942-0203(영업)
팩스 070-7966-3022
메일 book@frontpage.co.kr

ⓒ 길종철, 2025

ISBN 979-11-93401-42-2 (03680)

만든 사람들

편집 김민진 디자인 co*kkiri
제작 357제작소 마케팅 최지은, 배희주